学び直しの時間

佐藤優の特別講義

民主主義の危機

忍び寄るポピュリズムと強権主義

佐藤優 Masaru Sato

Gakken

CONTENTS

目次

第2章 経済は民主主義を救えるか？

PROLOGUE

序　章

私たちの民主主義、その限界に気づいているか?

2024年のアメリカ大統領選挙中に起きたトランプ狙撃テロなどによって脅かされる民主主義。民主主義はいつごろ生まれ、いつまで続くのか。そのすべてを知の巨人・佐藤優が語り尽くす。

PROLOGUE
1

そもそも民主主義って何だろう？

民主主義の意味を問い直してみる

私たちは「民主主義」という言葉を、日常的に何のためらいもなく使っています。民主主義を当然のものとして受け入れ、私たちの生活基盤を支えている根本的な制度であると思い込んでしまっています。そして民主主義について、疑うことなくさまざまな事柄を繰り返し語っています。

でも、あらためて「民主主義とは何か？」と問い直してみると、どうでしょう。この問いに的確に答えるのは容易なことではないと、すぐに気づくはずです。そこで最初に、政治学者や社会学者が、民主主義というものをどう定義しているのかを確認しておきたいと思います。

民主主義は、古代ギリシャから存在し、その後、西洋の歴史的展開とともに発展していった政治システムです。ここでは煩雑《はんざつ》さを避けるため、古代、中世、近代といった、それぞれの時代における定義を追うことはせず、近代以降の民主主義に絞《しぼ》って検討してみることにします。

まず、オーストリアの純粋法学の創始者であるハンス・ケルゼンは、「民主主義とは統治者と被治者、支配の主体と客体の同一性であり、国民の国民に対する支配を意味する」と述べています（『民主主義の本質と価値』）。要するにケルゼンは、民主主義の本質は「国民主権」にあると捉えたのです。

一方、イギリスの政治学者デヴィッド・ヘルドは、民主主義には、

❶直接民主主義（参加民主主義）
❷代表制民主主義（間接民主主義・議会制民主主義・自由民主主義）
❸一党体制モデルに基礎をおく民主主義

の三つのモデルがあると定義しました（『デモクラシーと世界秩序』）。民主主義とは一様の政治体制なのではなく、さまざまな形態があるというわけです。

私たちがよく耳にするのは、❷の代表制民主主義（自由民主主義）です。

興味深い意見として、イギリスの主要経済紙『フィナンシャル・タイムズ』（FT）のチーフ・エコノミック・コメンテーターであるマーティン・ウルフの見解があります。彼は、自由民主主義こそが真の民主主義であると主張し、政党同士の権力闘争であっても、決して武力の行使は許されず、勝者が敗者を滅ぼすことはないと主張しました。

「自由民主主義では、悪党が政敵を殺そうとしたり、個人の権利を踏みにじったり、報道の自由を抑圧したり、政府機関から金銭的に甘い汁を吸おうとしたりしないし、不正選挙をおこなうこともない」（『民主主義と資本主義の危機』）とウルフは言います。

彼は法治国家システムのもとで、国民の自由が守られる点を重視したのです。

民主主義にはこのように、さまざまな意見に基づく議論があり、意見が対立することもあって、簡単に定義することができません。私はシンプルに、「民主主義とは、民衆が主体となって行う政治システムである」と考えるようにしています。シンプルに定義づけることによって、分析がスムーズにいくと思うからです。

現在の複雑な社会において、直接民主主義を実現することは困難です。そのため、必然的に間接民主制が採用されざるを得ません。すると、国民の意見をどうやって代表するのか、民意をいかに吸い上げるか、ということに関して、大きな問題が出てきます。

ルソーは『社会契約論』において、「代議制は人民を代表することはできない」と主張し、批判しました。選挙によって人民を代表することができないならば、〝一般意志〟を持っている人が政治をやればいいということになる。このルソーの考えに従えば、政治的実践は、エリート主義によって行われるものになってしまいます。

しかし、ルソーの意見に反して、現在では通常の民主主義は代議制から考えていくのが一般的です。本書でもその立場をとることにします。

選挙後に民衆は政治に無関心になる

現代における民主主義の典型は、選挙を通じて私たちの代表を議会に送り込み、その代表が

一般意志◉18世紀スイスの思想家ルソーの用語。私的利害を持つ個々人の意志の総和ではなく、利己心を捨てた人民一体としての意志。これに対し、個々人が自分の利益を追求する意志を特殊意志とし、ルソーは社会秩序をつくる主権の力として一般意志を重視した。

国政を動かす、つまり「議会制民主主義」です。この制度の核となる性質を端的に言い表すと、〝市民社会の政治運営はプロに任せる〟ということになります。

そのプロは、二通りに区分することができます。一番目のプロは、選挙によって選ばれた政治の専門家、いわゆる政治家です。二番目のプロは資格試験によって採用された役人、つまり官僚です。選挙によって選ばれた民衆の代表である政治家が、官僚群を統制して政治を行う、というのが近代的な「議会制民主主義」の原則です。

では選挙で代表を選出したあと、民衆は何をすればよいのでしょうか？

民衆は投票を行ったあと、多くの場合は政治に関与しないし、できないというのが私の考えです。なぜなら代議制の原則は、選挙民が自分の政治への考えや要望を、言葉は悪いですが、議員に丸投げすることだからです。政治はプロに任せ、民衆は経済活動や芸術活動など、自らの欲望を追求することに専念すればいいという考え方が「議会制民主主義」の基本にあります。

哲学者のヘーゲルは、市民社会は「欲望（あるいは、欲求）の体系」であると主張し、次のように述べています。


　私は欲求を満足させる手段を他人から得るのであり、したがって他人の意見に従わざるをえない。しかし同時に私は、他人を満足させるための手段を作り出さざるをえない。だから人々は互いに他人のためになるように行動しているのであり、他人と繋がり合っているのであって、そのかぎりにおいて、すべて個人的に特殊的なものが社会的なものになるのである。(『法の哲学』)

ちなみにマルクスもこのヘーゲルの考え方を受け継ぎ、『資本論』などで市民の欲望の分析を行っています。

このように見ていくと、今、多くの人々が政治的に無関心で、選挙にもあまり行かないという現象は、「議会制民主主義」からすると、わりと健全な姿なのかもしれません。

とはいえ、「代表を送り出す側の人間(投票する人)」と「送り出され代表となった側の人間(投票される人)」との利害関係が、客観的に見て必ずしも一致していない場合が存在します。このことを見事に解明したのが、マルクスの記した『ルイ・ボナパルトのブリュメール18日』です。一八四八年当時フランスは第二共和政でしたが、その政治体制下で、分割地農民に対しても選挙権を与える、という非常に民主的な選挙が行われました。

その結果、ナポレオン一世の甥っ子だという、ただそれだけの理由で、小規模自立農民である分割地農民たちが投票したのが、ルイ・ナポレオン、すなわちのちのナポレオン三世でした。政治的に何の実績もない人間に、多くのフランス国民が投票してしまう。その結果、彼は大統領となり、クーデターを起こして議会を廃止し、一九五二年に皇帝になり、議会制民主主義自体が崩壊してしまいました。

共和政◉1792年から始まるフランスの政治形態。現在フランスは第五共和政下にあり、国家元首である大統領はエマニュエル・マクロンである。

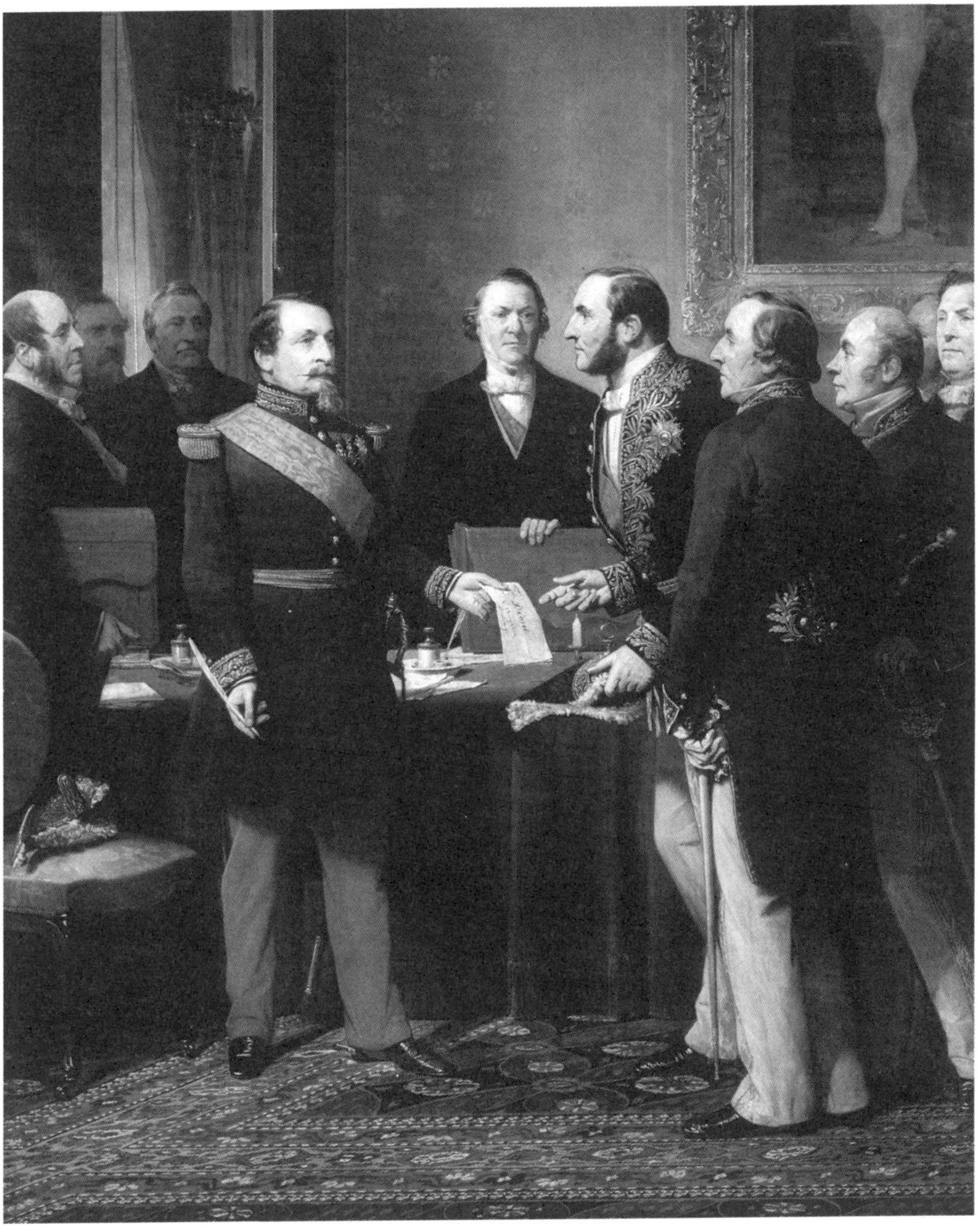

皇帝就任後、政務に携わるナポレオン三世。議会制民主主義は自壊した。
Photo by PARSNIPS JAPAN（Ad.Yvon /1865　カルナヴァレ博物館所蔵）

これは、代表を選ぶ側の人間と選ばれる側の人間との間に、直接的な関連性がないことから起きる「議会制民主主義」の大きな矛盾といえます。

客観的に見ると中長期的に自己の利益に反するような候補者でも、短期的に恩恵が得られれば、民衆は自分たちの代表として選んでしまうことがあります。

現代においてもそれは変わりません。たとえば減税は、結果的に富裕層に有利な結果をもたらしますが、減税を唱える候補者は、貧困層の選挙民からの支持を受けやすいのです。貧困層の選挙民は、減税によって、手もとにある可処分所得が増えることしか見ていないからです。

経済がよければ、政治への批判は基本的に起きない

経済との関係でいうならば、国民は基本的に経済状態がよければ、政治に対して不平不満を言うことはありません。民主主義国家の一番の目的は、国民の生命・身体・財産を守ることで、乱暴な言い方をすれば、国民を飢えさせないことがいちばん大事なのです。

「そんなの当たり前でしょう」と言う人もいると思いますが、アフリカの極貧国の状況を見れば、最低限のことも実施できない国が多くあることがわかります。

日本の場合、高度成長経済期に自民党が独占的な政治体制をとることができたのは、多くの国民が、政治よりも経済を重視したからなのです。

国民が政治に関心を持つと、政治活動に没頭してエネルギーを使ってしまい、経済活動が停

滞してしまうという現象が起こります。国民が政治に関心を持ち、政治的な行動をとればとるほど、経済は悪くなり、不満がますます増えるという悪循環が起きてしまう。この循環に入ると、政治的にも経済的にも発展が望めなくなってしまいます。

ヨーロッパでも、国民の政治的な関心が強い国であるギリシャやイタリアの南部、さらにスペインなどは、経済的に低迷を続けています。特に二〇〇九年の債務超過によるギリシャ危機と、その後に多発した国民の大規模なデモ運動は、政治的、経済的大混乱を招きました。

政治的に高い意識があるからといって、経済的に多くの富が得られるわけではなく、かえって国家の政治運営が不安定になり、混迷をきたす場合がある。このことについて、あまりメディアや論壇の人は言及しません。ある意味で「不都合な真実」だからです。

ギリシャ危機◉2009年に発覚したギリシャ共和国における経済危機。財政赤字がGDP比で13.6%に達していた同国では、公務員が労働人口の約4分の1を占めるなど、手厚い社会福祉がなされていたことなどが原因とされる。

PROLOGUE 2

民主主義には賞味期限がある、という現実

民主主義と独裁制は矛盾しない

民主主義と独裁制は矛盾しない、ということも重要なポイントです。たとえば、百人の議員で構成されている議会があるとします。この議会が九十九人になった場合、議会の本質が変わるかといえば、まったく変わりません。九十八人ならばどうかというと、それもほぼ変わらない。しかしこの操作をどんどん続けていくと、五人でも変わらないはずであり、最終的には一人でも変わらないということになる。

これが、政治学者カール・シュミットが『独裁――近代主権論の起源からプロレタリア階級闘争まで』などの著作で語っている、〝大統領の独裁〟です。独裁制と対立するのはあくまでも自由主義であり、民主主義はむしろ独裁制と相性がよくなる場合もあるのです。これは一種のアイロニーです。しかし、メディアやテレビのワイドショーのコメンテーター（有識者）は、それを理解していません。喧嘩を売るわけではありませんが、はっきり言って勉強不足です。

ところで、世界には今、「民主主義」という名前の、あるいは「民主」という名前のついて

カール・シュミット◉ドイツの政治学者・哲学者（1888～1985）。例外状況の概念を法律に導入することで、ファシズム国家であるナチス・ドイツを支える法的および政治的理論を展開した。

いる国が多数あります。しかし、たとえば朝鮮民主主義人民共和国、コンゴ民主共和国といった国々は、一般的には民主的ではない国と思われています。

けれども民意を代表するしくみとして、北朝鮮型やコンゴ型の民主主義が、民主主義的でないと言いきれる理由はありません。少なくとも北朝鮮政府やコンゴ政府は、自分たちの体制が民主主義的であると見なしています。何をもってその国が民主主義的であると認めればよいのか、実際にはよくわからないのです。単純にアメリカ型（アングロ・サクソン的あるいは西側的）民主主義や日本型民主主義がよいと決めつけるには無理があります。

民主主義の賞味期限とは?

もう一つ、民主主義の根源にかかわる問題点が存在します。それは、民主主義には「賞味期限」があるということです。あらゆる政治制度には賞味期限というものがありますが、民主主義もその運命から逃れられません。

古代ギリシャの事例を見てみます。まず、一人の非常に英明な王が治めている王政国家があるとしましょう。その王が、時間が経つにつれて堕落してしまうと、政治システムは僭主政《せんしゅせい》になります。僭主政になると、王の横暴な政治に対して反対運動が起き、一部のエリートたちが王の力を削ぎ、自分たちを中心とする政治体制を確立します。これが貴族政です。

ところが年月の経過とともに貴族政が堕落すると、今度は能力や品性などに関係なく、特定の少数者が政治的実権を握る寡頭政になります。しかし寡頭政も国民を抑圧し、支配階級の利

日本型民主主義●本格的な政権交代が起きにくく、権力党の支配が長期間続く日本ならではの民主主義体制。アメリカの二大政党制を目指して選挙区制度を変えても、むしろ一党支配が強まっており、短期間の政権交代しか経験できていない。

古代ギリシャの民主主義指導者ペリクレス。Photo by Philipp Foltz / Wikipedia

益のみを追求するようになります。その結果、民衆による権力の奪取が行われ、民主政が確立することになります。

これによって万民にとっての理想的な政治体制ができるかといえば、そうではなく、一定の時間が経つと民主制も劣化して、**衆愚政**（ポピュリズム）になります。そうなると政治体制を変えざるを得なくなり、ふたたび王政や独裁政になったりするのです。

今、世界を俯瞰《ふかん》して見ると、多くの国々で民主主義の制度疲労とでもいうべきものが起き、衆愚政になってきていると考えられます。衆愚政に傾いたとき、国民の不満は、強い権力、権威、カリスマ性を求める方向へと進みます。

アメリカにおけるトランプ人気、ヨー

僭主政◉古代ギリシャで、おもに貴族と平民の抗争を利用し、非合法に政権を獲得とした独裁者による政治制度。貴族政やそれに至る期間、また民主政との過渡期間に見られることが多い。

ロッパ各地での極右政党の躍進といった現象を見ても、このことが理解できます。
こうした現象を端的に言い表すならば、民主主義の賞味期限が切れつつある、ということです。それが本書でいちばん訴えたいテーマの一つでもあります。

民主主義の賞味期限は、なぜ切れてきたのか？

なぜ民主主義の賞味期限切れが起こるのでしょうか？　政治家の利権追求など、政治腐敗を原因として思い浮かべるかもしれませんが、政治腐敗は現代に限らず、いつの時代にも存在していました。これまで西側諸国で、民衆が強い権力を望んだり、民主主義から距離を置こうとする動きが顕在化しなかったのは、ひと言でいえば〝緊急の事態〟が起きていなかったからです。

民主主義の最大の弱点は、意志決定に時間がかかるということです。この弱点は政治的、経済的に安定した時期には、大きな欠点として可視化されません。けれども緊急時にはその弱点がはっきりと現れてきます。

最近の大きな出来事を見れば明らかでしょう。一つはコロナ禍であり、もう一つはウクライナ戦争です。

二〇一九年に発生したコロナ禍では、二〇二三年三月までに世界の累計感染者が約六億七六五〇万人以上におよび、死者は六八八万人に達しました。その致死性の高さと、感染力の強さゆえに、各国政府は政府主導で強権的な方法も含めて対策を立てざるを得ませんでした。

衆愚政（ポピュリズム）　大衆迎合主義。既存の権力構造やエリート層に対してではなく、大衆を対象にその主張を広く伝える政治スタイル。おもに大衆の人気とりをしながら大衆を煽る政治姿勢を指す。

また二〇二二年に起きたロシアによるウクライナ侵攻においては、ウクライナに対する軍事物資を中心とする西側諸国の迅速な援助が必要となり、各国で安全保障上の危機意識が高まりました。

こうした状況下で、世界各国では行政権が優位になり、政府主導の政治が行われるようになりました。すなわち、緊急事態に対応するためには、議会での手続きを経ている時間がなく、必然的に行政権が優位になり、民意による統制が後退してしまう現象が起きたのです。これは今、世界的に見られる現象です。

それからもう一つ、「家産国家」という問題があります。スイスの政治学者カール・ルートヴィヒ・ハラーが提唱し、社会学者マックス・ウェーバーが発展させた概念です。「家産国家」とは、近代以前の世襲制によって成り立つ国家を指します。つまり、特定のファミリーによって国家が支配される状態のことです。

そこにおいては、国家の領土や人民も、国家の財産も君主の所有するものであり、戦争も君主の私的紛争に帰するものとなります。

現在の民主主義の国家運営においても、この「家産国家」に近い構造が見られるようになってきています。首相・大統領と官僚という関係ではなく、王とその臣民のような関係図が強まっているのです。

権力の支配構図において、属人的な要素が各国で非常に強くなってきている。こうした傾向

家産国家◉国家を家族になぞらえ、父による子の支配を根本原理に置こうとする国家観。家族国家ともいう。戦前の大日本帝国において、天皇を父親に、国民（臣民）を子にして、君主への忠と親への孝を中心とした道徳論が築かれたことなどが代表である。

は、本来の民主主義とはまったく矛盾するものであり、民主主義が賞味期限切れを起こしている理由の一つと言っていいでしょう。

このような状況下で、私たち一人ひとりが、民主主義というものをどう捉え、どのような方向に未来を模索していけばよいのか。それをこの本の中で検討していこうと考えています。欧米諸国や日本などで民主主義の危機が叫ばれてから、もう半世紀以上が過ぎようとしていますが、民主主義の希望を示す未来図は、まだ描かれていないように私には思えます。

しかし、未来図は安易に提示できるものではありません。本書では民主主義というものを、さまざまな角度から見ることで、このシステムを私たちがどのように維持していけばよいのかをじっくりと考察していきたいと思います。

PROLOGUE 3

多種多様な民主主義の形

日本の民主主義について考える

日本国憲法は、国民主権・基本的人権の尊重・平和主義の三つを基本原理としています。しかしこの三つ……国民主権については、国民の主権をどのように表明するのか、という問題があります。また基本的人権も、自由権を尊重するのか、社会権を尊重するのかによって見方が異なります。平和主義にしても、非武装中立のような考え方ではなく、積極的平和主義のような考え方で、むしろ軍事力を強化することによって平和を担保していくという考え方もあります。

その解釈は一つに集約されることはなく、いろいろな主張が混在しています。なので、基本原理を並列させただけでは、よくわからない側面があります。

たとえば、平和主義にしても時代によって解釈が大きく変化します。

憲法学者の芦部信喜が著した『憲法』は、司法試験と国家公務員試験のための標準的な教科書なのですが、二〇一九年に発刊された第七版（改訂版）の「はしがき」で、補訂者である高橋和之が、芦部の憲法第九条の解釈をめぐって次のように語っています。

一九九五年のある講演において、先生は九条と自衛隊の存在という矛盾をどう解釈するかを悩んだすえに、従来九条を法的拘束力のある規範と考えてきたが、むしろ「政治的マニフェスト」と考える説を検討すべきかもしれないと述べられたという。（…）平和主義の理念を将来にわたって内外に発信していくためには、九条を改正するより条文として残したほうがよいという苦渋の選択があったものと推測される。（『憲法』）

この解釈変更は、平和主義も決して固定的なものではなく、時代や状況によって変化していくということを示す好例です。こうした点から考えても、民主主義の概念というのは変わりやすいものであり、何々をもって民主主義だということは明確に断言できません。

また、日本は欧米的民主主義（あるいはアングロ・サクソン型民主主義）に則《のっと》っているという建前になっていますが、本当に西側的な民主主義というものが日本で定着しているかどうかについては、大いに疑問が残ります。

日本に欧米型の民主主義がしっかりと根づいているならば、戦後八十年近く経っているにもかかわらず、なぜほとんど政権交代が起きないのでしょうか。だからといって、日本に民主主義がないかというと、そうともいえない。そのあたりは非常に判断が分かれるところです。民主主義には、それぞれの国に適したそれぞれの形があるわけですから。

民意の反映の仕方はさまざま

次ページの地図を見てみましょう。これは世界の国、地域の民主主義のレベルを表した図ですが、意外と民主的な国、地域が少ないという印象を受けます。でもそれは西側諸国の基準から見た印象にしかすぎません。たとえばロシアはこの地図の中で民主主義的な国とはなっていませんが、本当に民主主義国ではないのかというと、判然としません。なぜならロシアは選挙によって大統領を選んでいるからです。

勘違いしている人がいるかもしれませんが、プーチンは正当な選挙で選ばれた大統領です。もちろん、ロシアの選挙には権力側の圧力があるかもしれません。しかしその見方は西側の基準であり、もっと正確にいえば、アングロ・サクソン的な基準です。

ロシアが本当の民主主義国かそうでないかは、簡単には判断できないのです。実際、多くのロシア人は喜んでプーチンに投票しているわけですから。

西側はロシアを、権威主義的民主主義に分類しますが、そんなことはロシア国民には関係のないことです。少なくとも、お腹いっぱい食べられてウオッカを飲めて、タバコを吸えて、住む家がある限り、ロシア人はプーチンを支持すると思います。

前項でも触れましたが、民主主義的な手続きを経て独裁政権が生まれることは、いくらでもあります。たとえばナチス・ドイツを率いて第二次世界大戦を引き起こした独裁者アドルフ・ヒトラーは、一九三三年に民主主義的な選挙により政権を奪取し、その年に総統となって議会

権威主義的民主主義◉権力を元首や元首の属する政党などが独占して統治しつつ、普通選挙などの民主主義の要素を残した政治体制。複数政党制を認めつつ普通選挙を行うが、反体制派候補の弾圧や、ときに開票不正といった手段で選挙を歪め、事実上、元首による独裁的な政治形態をとる。

世界の国、地域の民主主義の度合い

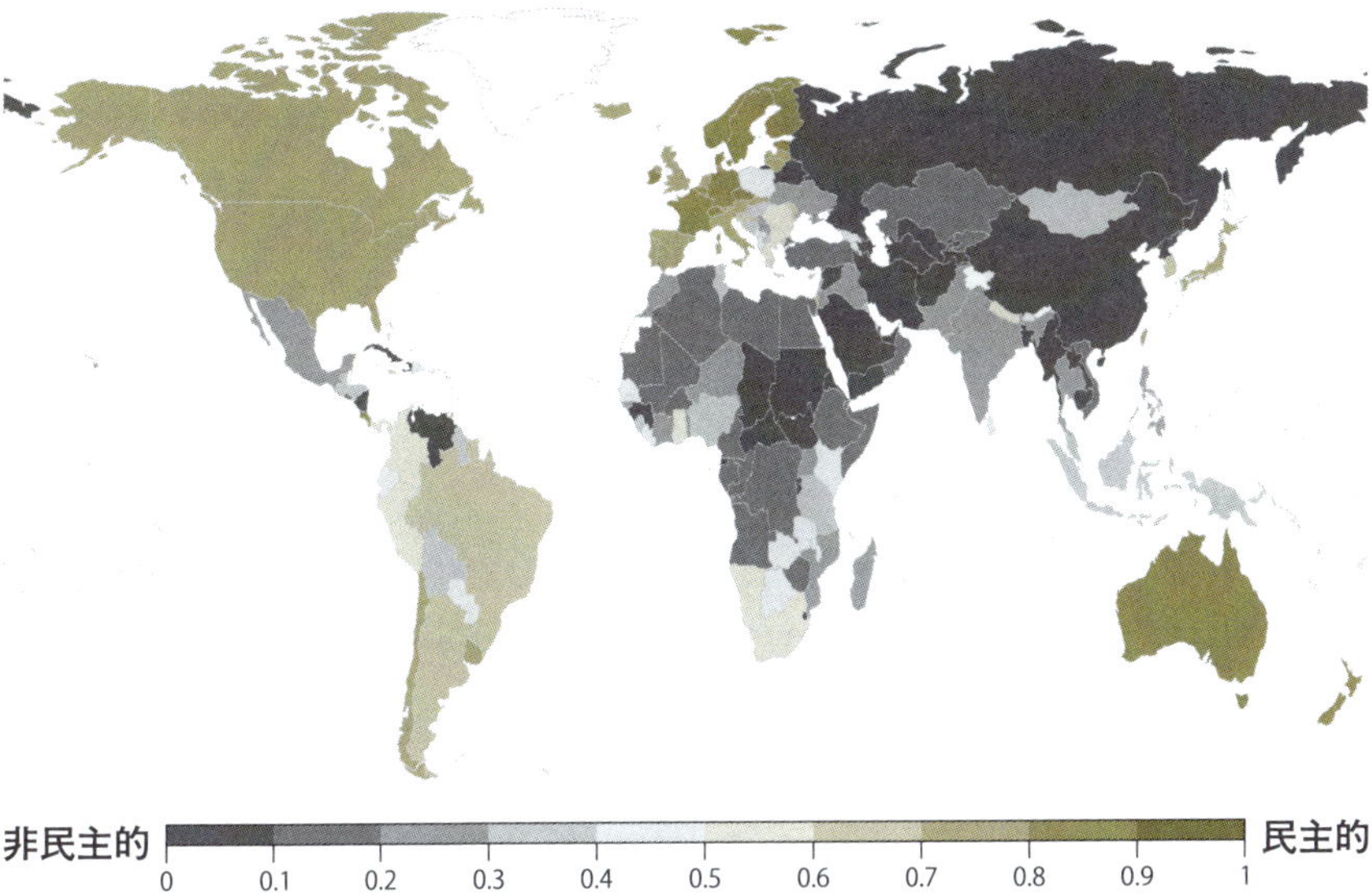

※スウェーデンのV-Dem研究所が発表したV-Dem選挙民主主義指数の地図を基に作成。

制を廃止し、独裁政権を樹立しました。ヒトラーは、民主主義的手続きを踏んだ上で独裁国家を築いたのです。これは民主主義と独裁政治の相性が抜群にいいという証左になります。

近年においては「アラブの春」の事例があります。北アフリカや中東の多くのイスラム主義国で、民主化を求める国民の声によって独裁政権が倒れましたが、結局は軍政になったり、内乱が勃発《ぼっぱつ》したりして、民主化はまったく実現しませんでした。

ジャーナリストの田原牧は、著書『ジャスミンの残り香』の中で、「『アラブの春』の後、暗雲が立

アラブの春◉2010年12月にチュニジアではじまり2012年ごろまで続いた北アフリカ、中東地域の民主化運動。長期の独裁支配を国民がSNSなどで連携し打倒したもので、西洋社会は評価した。しかし既存の政権崩壊後、軍政や王政、宗教政治などが出現し、民主国家には至らず失敗に終わったとされる。

ちこめたのはカイロのタハリール広場だけではなかった。シリアに至ってはそもそも民衆の坩堝を形づくることすらかなわず、権力闘争による屍《しかばね》は日々積み重なっていくばかりだった。どこもかしこも混乱が続いていた」と書き、さらに「アラブの春」が起きた他の国々の惨憺《さんたん》たるありさまを報告しています。

どうして、そのような結果になったのでしょうか？

近代の民主主義の前提となるところに、人権の問題がありますが、意外なことに、人権というものを重視する思想が成立したのは比較的遅く、十七世紀くらいのことです。

この考え方は、その後、西洋諸国を中心に発展していくのですが、人権思想の成立前には、哲学的・イデオロギー的な意味での歴史の大転換である「コペルニクス革命」がありました。天にいる神という表象（イメージ）が、宇宙像の変化によって転換したのです。

つまり、コペルニクスが唱えた地動説によって、天動説から地動説への「パラダイムチェンジ（位相転換）」が起き、神が持っていたラチオが地上の立法となり、神権という概念が地上に降りてきて人権になったのです。

人権の前に神権があったという考え方は、欧米では歴史的な発展形態の一つとして、思想史の根本的なパラダイムチェンジであったと認識されています。

ところが、アラブの春が起きたイスラム諸国では、神は相変わらず天上にいるものとされて

コペルニクス革命◉16世紀の天文学者コペルニクスが、それまでの天動説をしりぞけ、地球が太陽の周りを回るという地動説を主張したことによって、思想の枠組み（パラダイム）が大きく転回したこと。科学分野のみならず、政治や思想でもこのような大転回を指していう。

います。アッラーの神は、絶対的なものとして存在し続けており、その絶対性は不変のものであると一般の人々は考え続けています。今もそれは変わっていません。

西側に留学してきた教養人と呼ばれる人たちが、自由で民主的な選挙を行えば民主主義体制ができると思い、政治運動を行って変革しようとしたけれども、国民の大多数は神権政治を支持しているので、西側的民主主義が根づくことはまったくなかったのです。

民主化実現を目指した大規模な運動が起きても、結局、イスラム原理主義政党が権力を握ることになりました。つまり、民主的な手続きを経て、非民主的な政権ができたわけです。皮肉なことに、こうした現象も民意の反映であり、一種の民主主義なのです。

この点を私たちは正しく理解しなければなりません。西洋の民主化のプロセスを正しく行って民主化を目指そうとしても、文化的、思想的、社会的、そして、宗教的な理由で、それが実現されることがない場合もあり得るのです。

民主主義は一つではなく、多様な形態がある。そのことを忘れてはならないのです。

ラチオ◉ラテン語で「理性」「悟性」「論理」を意味する言葉。神の認識に至るための概念と考えてもいい。

PROLOGUE 4

欧米型民主主義がすべて、ではない

民主主義を謳わない国々の存在

ここで次ページの「民主主義国家であることを標榜していない国の例」を見てみましょう。これは国名あるいは憲法や国是などに民主主義を謳《うた》っていない国をピックアップしたものです。カタール、アラブ首長国連邦、サウジアラビアといった中東の王国が多いことがわかります。サウジアラビアは神権政治の国です。

民主主義を謳っていない国の多くは、人権の思想と異なる神権思想に基づく神権統治の国です。ブルネイは東南アジアの国ですが、民主主義を謳っていないイスラム主義の国家です。同じ東南アジアのイスラム国家であるインドネシアが民主主義を謳っているのとは対照的です。民主主義とは違うということを国是として挙げている国は非常に少数で、そのほとんどはイスラム教支配の王国になります。

一方こうした国々以外の国は、ほとんど民主主義を名のっています。つまり、民主主義とは一見意味がありそうで、じつは意味が曖昧な言葉、ドイツの言語学者のウヴェ・ペルクゼンの用語を使えば、「プラスチック・ワード」といえそうです。

プラスチック・ワード　実際は意味が曖昧であるにもかかわらず、新しい内容を伝えているかのような言葉。ドイツの言語学者ペルクゼンが提唱。「グローバル化」「国際化」など。

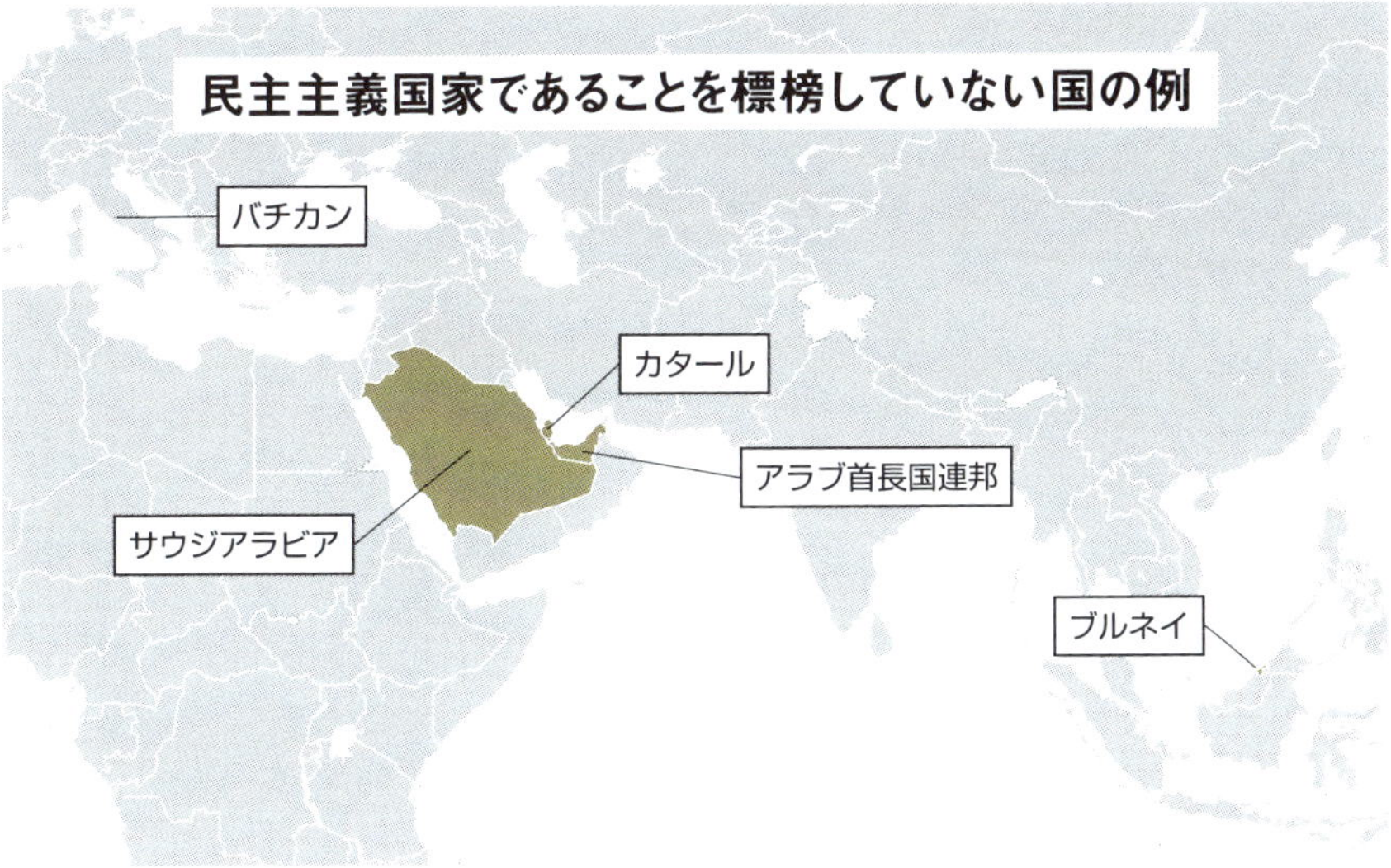

※EIUやFreedom House、V-Dem研究所が発表しているリポートを基に作成。

北朝鮮にしても、正式名称は朝鮮民主主義人民共和国であって、形式上ですが民主的な選挙を行っており、しかも投票率一〇〇パーセントということになっています。

ちなみに国民に投票権を与えることは、即座に民主的な選挙を保障することにはなりません。民主的な選挙でいちばん重要なのは「棄権の自由」です。

つまり自分の政治意志を表明しないでいいという自由。自分の内心を告白させられないことは近代的自由権であり、表現の自由の前提です。自分が考えていることを第三者の強制によって言わされないことに、自由権の本質があるのです。

棄権の自由が保障されていない民主主義というのは、真の意味で自由権が保障されている社会とはいえません。投票率が九〇パーセントを超えている選挙は、どこかに不正が隠されている、コントロールされた選挙といえます。北朝鮮などの強権的民主主義の国の選挙を見れば、それがよくわかります。

●民主主義には「温度差」がある

北朝鮮は民主主義が希薄な国であると一般的にいわれています。しかしそれは民意の表し方の違いで、プロレタリアート独裁のもとで朝鮮労働党が人民を代表している、それが民意だという主張も当然成り立ちます。そういう民主主義のあり方もあるということをまず知ってもらいたいのです。

見方を変えれば、北朝鮮やロシアなどの強権的民主主義といわれている国が、欧米型民主主義の弱点を映し出す鏡になっているともいえます。両者の価値観に優劣はなく、双方の民主主義を比較することで、互いの民主主義の欠点が可視化できる。これはとても重要なことです。

私たちは、アングロ・サクソン流の民主主義というものを民主主義の基準にしていますが、世界にはそうではない国がたくさんあります。ロシアは一時期、「主権民主主義」を標榜していましたし、朴正熙大統領時代の韓国では「韓民主義（韓国的民主主義）」と言っていました。民主主義という言葉によってさまざまな体制が表現される現実があるのです。

客観的な民主主義の規定というものはない、ということもできます。そもそも、主流であるアングロ・サクソン的な民主主義も、イギリスやアメリカの軍事力が強かったがゆえにスタン

主権民主主義◉ロシアの政治形態。カリスマ的な個人が国の政治をリードしていく形態。

ダードになったという歴史的な経緯があります。近年は、そのスタンダードが崩れつつあります。二〇二〇年のアメリカ大統領選挙のあと、選挙結果が盗まれたといって、トランプ候補の支持者が大挙して議会に銃を持って突入しました。こうした愚行が行われる国にはたして民主主義があるといえるのでしょうか。

そのようなアメリカと比べると、日本のほうがはるかに民主的といえるかもしれません。日本には、選挙のあとに国会議事堂に銃を持って突入したり、票が盗まれたと主張して暴力を行使したりする政党や団体は存在しないし、そうした混乱によって死者が発生したりすることはありません。愚行が行われる国の民主主義をモデルにするのは正しいのかということを、よくよく考えてほしいのです。

沖縄の民主主義は本物なのか？

アメリカ型民主主義に問題があることは、新聞やテレビなどのマス・メディアではあまり報道されていません。なぜかというと、日本の民主主義は占領軍によって押しつけられたもので、私たちの中に内在化していないからです。民主主義の価値観が身体化していないのです。

しかし沖縄だけは違います。沖縄には自らが勝ち取った民主主義が存在します。沖縄は戦後、アメリカの施政下に置かれ、日本国憲法は施行されませんでした。そのために、憲法で保障された人権規定が守られませんでした。

一九五五年に、五歳の女の子が嘉手納基地に所属するアメリカ兵に暴行を受けた後に殺害さ

韓民主義◉朴正熙政権下での、韓国における独特の政治システム。実質は独裁政治でありながら、民主主義的であることを主張していた。

れ、遺棄された事件が起こりました。ところが、このような悲惨な事件が起きても、司法的な解決ができませんでした。そうした状況を打破するために「復帰運動」が起きたのです。

現在、日本全国の陸地面積の〇・六パーセントしかない沖縄に、米軍専用施設の七〇パーセントがあります。そうした不平等な状況は改善されないまま、台湾海峡有事で戦争に巻き込まれるかもしれないという状況下に、今、沖縄は置かれています。

沖縄の民意とは違う方向に、日本の政治が進んでいるということであれば、沖縄が日本から離脱して独立国となるという選択も当然あり得ます。沖縄において、政治的な活動が日本の他の地域と比べて非常に活発なのは、民主主義が上から与えられたものではなく、自分たちが立ち上がって獲得したものだという意識が県民にあるからです。

こうしたことを考えると、日本という一国の中でも、民主主義に関する温度差があることがはっきりとわかります。

アングロ・サクソン型民主主義の限界

大ざっぱにいえば、民主主義とは「民意を代表する政治システム」のことです。しかし、民意を代表するという部分に確固としたコンセンサスがないために、ほとんど意味のない概念になってしまっているのが今の状況です。

無意味な概念とはいえ、世界にはアングロ・サクソン型、アメリカ型民主主義というものが存在していて、一応それが世界基準だということになっている。ところが現在、その基準が揺らいでいて、民主主義自体に混乱が起きています。

民主主義が制度疲労を起こして衆愚政治になり、ふたたび独裁制に戻ることがあり得るかもしれません。わかりやすい独裁制でなくとも、権力が一握りの権力者に集中しやすい状態が、今、世界的に遍在していると思います。

日本を例にとれば、首相（官邸）に権力が集中するという現象が近年、顕著になっています。こうした流れは、安倍晋三元首相のときに生まれ、岸田文雄首相（二〇二四年八月現在）になっても続いています。首相に権力が集中するのが民主主義的なのかと問われると、大きな疑問があります。さらに、二〇二四年夏現在、支持率が一六パーセントしかない状況でも政権が倒れていないというのは、いったいどういうことなのか。まさに民主主義システムが完全なる機能不全に陥っていることの証左といえるのではないでしょうか。

民主主義の世界基準だったアメリカにしても、ポピュリズムとアメリカ・ファーストを唱えるトランプが大統領として登場して以降、政治、経済、社会における分断は激しくなっています。不安定さを増す国の民主制度が、今後も世界の民主主義の基本モデルとして存在できるのかという点を、私たちはしっかりと見定めていく必要があります。

アメリカ・ファースト◉アメリカ前大統領ドナルド・トランプが唱えた、アメリカ第一主義。「世界の警察」といわれたアメリカの責務を捨て、アメリカの利権を第一に考える政策。

PROLOGUE
5

今と全然違う古代ギリシャの民主制

現代ヨーロッパの民主制の源流とは？

古代ギリシャの民主制は、私たちが民主主義を考える場合の基盤となるものです。とくに、アテネにおける民主制は民主主義の歴史的にとってきわめて重要なものとされています。

英語のデモクラシー、すなわち民主制は、ギリシャ語のデーモクラティア（Demokratia）を語源としていますが、それは「民衆支配」を意味する言葉です。古代から現在に至るまで、ソクラテス、ルソー、トクヴィル、ヘーゲルといった思想家が、古代ギリシャの民主制の重要性を主張している点を考えても、くわしく検討する必要は十分にあると思います。

プラトンは著書『国家』の中で、政治制度を優秀者支配制、名誉支配制、寡頭制、民主制、僭主《せんしゅ》独裁制の五つに分けていますが、この五つの制度のなかで民主制がもっともよい制度であるとは述べてはおらず、優れた哲学者が政治を主導する「哲人制」がもっともよい国制であると言っています。また、フランスの哲学者ジャック・ランシエールは、プラトンの国家論で提示された考えに対して、次のように述べ、民主主義の弱点を暴き出しました。

哲人制◉見識が高い少数の哲学者が国政をリードしていく政治形態。

プラトンこそ、われわれが近代固有のものだと言っている社会学的読解様式を発明した最初の人間なのである。この読解は、政治的民主主義の外見の下にあるそれとは正反対の現実を、すなわち私的で利己的な人間が支配する社会の現状を炙り出す。したがって、プラトンにとって民主主義的な法とは、あらゆる集団的秩序と無関係な民衆の気分や快楽の変化を唯一の法とする、民衆の望みや個人の自由の表現にすぎない。（『民主主義への憎悪』）

二十一世紀に生きている多くの人々は、民主主義は多数者支配であり、もっとも平等な政治体制と理解しています。しかし、民主主義は長い歴史の中で発展してきたものであり、そこにはさまざまなバリエーションがあります。

今のアングロ・サクソン型民主主義が民主主義のすべてではありません。また、民主主義であればどんな民主主義でもよいというものでもないのです。

古代ギリシャの民主制と現在の民主主義

古代ギリシャの民主制は、大人の男性を中心につくりあげた民主主義である点と、参政権をもつ市民すべてが法案に投票する直接民主制である点において、現在の民主主義と大きく異なります。ジェンダーの問題を考える上でも、古代ギリシャの民主制は非常に興味深いのですが、ここでは当時のポリス社会を支えていた共通のルールについて考察していきます。

古代ギリシャのポリス社会において公的な社会秩序が機能しているのは、ノモス（Nomos：

法、伝統文化）のおかげでした。それに対してオイコス（Oikos）というものがありました。オイコスは都市国家の経済的最小単位を示し、「家政」などと訳されますが、端的にいえば「家」です。これは自由民だけではなく、未成年者や女性、奴隷も含む都市国家の構成員全員に対する制度です。オイコスにおける支配原則はビアー（Bia）つまり暴力です。

古代ギリシャの民主制は、暴力による統治と法による統治のダブル統治という形がとられていたのです。

現在私たちが見ている民主主義は、先ほども述べたように時代によって変わっていったものです。たとえば、普通選挙というものも、最初は男性だけの選挙でした。なぜでしょうか？

理由は、女性は政治的な判断ができないから――ということではなく、社会・政治システムが「家」制度を中心としたものだったからです。「家」を代表しているのは戸主であり、男性であり、戸主がその「家」の意志を代表していることになっていた。そのため、最初は男性による普通選挙だったのです。

日本に限定していえば、戸主制度は戦前までありました。今は戸主制度がなくなっているので、何々家と何々家の結婚式というのは、じつは法的には明らかにおかしい表現です。現在の憲法や民法に則《のっと》るならば、AさんとBさんという、個人と個人の結婚でなければならないはずです。何々家と何々家との結婚式というものは、戦後の憲法と民法にも違反するものであり、戦前の戸主制度の名残りともいえます。しかし、こういう結婚式が今も行われているのは、「家」

という観念が現在も色濃く残っているからなのです。

民主主義が制度疲労を起こしている

こうした観点から検討していくと、民主主義国家が全体主義国家よりも優位であるという主張や、アングロ・サクソン型民主主義のほうが人間の活力を発揮させるシステムだから経済が活性化する、という考え方が必ずしも正しくはないということがわかってきます。

スロベニアの思想家スラヴォイ・ジジェクは、著書『ポストモダンの共産主義――はじめは悲劇として、二度めは笑劇として』において、「（…）『先験的』な意味で、複数政党からなるリベラル民主主義は、社会・政治とそこで個人が担う役割のある種のビジョンを『代表』――例示――している」と語っています。

しかしこのような複数政党のリベラル民主主義が「不偏不党」であるというわけではありません。私たちが政治に対して無関心になる、もしくは民主主義では国民の望みを叶えられないという不満が高まると、偏った価値観や先鋭的な団体がもてはやされ暴走する危険性もあります。リベラル（自由）ななかにも民主主義の危機はひそんでいるのです。

ここで一つの仮説が頭をよぎります。それは、現在の民主主義は古代ギリシャの民主制に近づいているのではないか、ということです。

古代ギリシャの民主主義は、限られた領域（自由民、男性）でしか機能せず、それ以外の領域（奴隷、女性、子ども）では、暴力が支配しているという二重構造です。民主主義の領域から女性や子どもがはずされているのは、子どもや女性の権利がないがしろにされている今日的な問題に通じるものがあります。

日本を含む西側的民主主義体制の多くは、じつはギリシャの民主制と同じ二重構造になっています。選挙で選ばれた政治家たちが公の政策決定を行う一方で、権力のある少数者が見えない場所で影響力を行使するという構造です。この場合の「影響力の行使」とは、具体的には政治におけるロビー活動などを指しますが、それは一般市民が直接目にすることができないものです。

つまり「形式的にはすべての市民に政治参加の機会を提供しながらも、実際には一部の特権階層が決定権を握り、他の人々の意見は十分に反映されない」という状況そのものが、古代ギリシャの民主制の再現ともいえるのではないでしょうか。

これはまさにジョージ・オーウェルが小説『動物農場』で強調した事柄そのものです。同書でオーウェルは、動物共和国の平等精神を高々と謳《うた》った最初の七つのスローガンの一つを、「すべての動物は平等である。しかし、ある動物はほかの動物よりももっと平等であ

原題『ANIMAL FARM』1945年8月刊行。

動物農場◉1945年に刊行されたジョージ・オーウェルの空想小説。ある農場で動物たちが横暴な農場主を追い出し、動物共和国をつくるという物語。しかし、最終的には豚のナポレオンの独裁国家ができる。このファンタジーはスターリン体制下のソ連を風刺した作品であるともいわれている。

る」と記し、民主主義の二重構造を風刺的に批判しています。オーウェルの言葉を、現代の民主主義体制に援用すると、「すべての国民は平等である。しかし、ある国民はほかの国民よりもっと平等である」ということになります。こうした二重構造の体制と「家産国家」が合わさると、民主主義は非常にいびつで奇妙なものになります。

そんな民主主義体制が、今、私たちの目の前に現出しているのです。

注意すべき点はもう一つあります。それは、プラトンをはじめとする多くの古代ギリシャ人が民主主義を絶対とは考えておらず、循環するシステムの一つであると考えていた点です。

このことは前も触れましたが、古代ギリシャ人は、王制から僭主《せんしゅ》制へ、僭主《せんしゅ》制から貴族制へ、貴族制から寡頭制へ、寡頭制から民主制へ、民主制から衆愚制へ、そしてふたたび、王制あるいは独裁制というように、政治形態は循環すると考えていました。

そこには、ヘラクレイトスの「万物は流転する（パンタレイ）」という哲学原理が強く反映されています。このようなギリシャ人の思想によるならば、すべての制度には制度疲労があるということとなります。そもそも、民主主義だけが永遠で絶対的であると考えるほうが非合理的であり、すべての制度には制度疲労があるため、政治体制はいつでも変容する可能性があると考えたほうがはるかに合理的といえないでしょうか。

ヘラクレイトス◉古代ギリシャの哲学者・自然科学者。万物流転説を唱える一方で、火を万物のアルケー（根源）として捉えた。ヘーゲルによって弁証法の祖とみなされ、西洋思想の源流をつくった哲学者として有名である。

PROLOGUE 6

民主主義の主人公としての「大衆」

大衆の政治参加が民主主義にもたらすもの

二十世紀前半から、世界は大衆化社会に入ったといわれています。そのことを端的に示すものとして、スペインの哲学者オルテガ・イ・ガセットの有名な著作『大衆の反逆』を挙げることができます。

オルテガは大衆について、「大衆人とは生の計画をもたない人間であり、波のまにまに漂う人間である。したがって、彼の可能性と彼の権力がいかに巨大であっても、何も建設することがないのである」と述べ、さらに「われわれの時代において決定を下しているのはこういうタイプの人間なのだ」と語っています。こうした大衆の出現は、民主主義に大きな影響を与えるものです。

もともと民主主義は、近代以降の自由で自立した個々による、共同体へのアプローチによって展開するものです。民主主義を担う主体は、デカルトの『方法序説』に出てくる「我思うゆえに我あり」という言葉で示される、近代的自己が確立した、自由で自立した主体でなければなりません。オルテガがいうところの、自らが主体的に思考することなく、自らの欲望の追求を第一とする主体は、民主主義実現の主体としてはふさわしくないのです。

オルテガは前掲書において、「国家とは、物質的で、生気のない、所与の、限定されたものとはおよそ正反対のものである。それはダイナミズムそのもの――共同で何かをなそうとする意志――であり、ゆえに国家という観念は、いかなる物理的条件の制約ももっていないのである」と述べています。

そうしたダイナミズムの実現を目指すための重要な装置が、民主主義のシステムだったはずです。しかし大衆は、刹那《せつな》的志向によって、あるいは大局的未来を考えず、一時の満足のために聞き心地のよいスローガンに惹かれて、自分たちの政治的リーダーを選んでしまいます。ウクライナのゼレンスキー大統領の例を見るまでもなく、民主主義下にあっても、国家の未来図を描けない政治家が登場するという現象が出現してしまうのです。

制限選挙から普通選挙への移行は何を生んだか？

ここで日本に視点を移してみましょう。

日本で最初に行われた選挙は制限選挙でした。議会制民主主義では民意によって議員が選ばれていくのですが、主体となる選挙民の基準は、当初は恒産《こうさん》（一定の財産）を持っている人間でなければならないとされました。自分の資産を持っていない人間は、資産を所有するように努力しなかった怠け者であると判断され、そうした人間が政治に関与すれば、民主主義体制が壊されると判断されたからです。みなが同じ条件の下にいる社会では、努力した者が恒産《こうさん》を持つようになり、怠け者で浪費癖があって無責任な者は無産者になると決めつけられたのです。

この考え方は、マックス・ウェーバーが『プロテスタンティズムの倫理と資本主義の精神』などで述べているものと同じです。ウェーバーは近代資本主義を発展させたプロテスタンティズムの精神を次のように述べています。

貧しいことを願うのは、（…）病気になることを願うのと同じで、行為主義として排斥すべきことだし、神の栄光を害《そこな》うものだとされた。それのみでなく、労働能力のある者が乞食（注：原文ママ）をするのは、怠惰として罪悪であるばかりか、使徒の語に照らしても、隣人愛に反することがらだった。（『プロテスタンティズムの倫理と資本主義の精神』）

経済活動が低く見られがちなカトリックの考え方に対して、プロテスタントは勤勉な労働精神には神から与えられた使命があり、努力こそが必要であると考えるのです。

日本の場合は、マックス・ウェーバーの主張に従っているというよりも、江戸時代以降の近世の「通俗道徳」の影響が強かったと、私は考えます。通俗道徳については、日本近世史専門の阿部安成が「江戸時代中後期の商品経済の展開とともに規範化されてきた勤勉、節約、孝行、

プロテスタンティズム◉ローマ・カトリック、東方正教会と並ぶキリスト教の宗派・思想。ルターらが主導した16世紀の宗教改革によって誕生した。善行によらず信仰のみによる救いを説き、聖書のみを規範的権威とし、神を信じる各人が直接神の前に立つという万人司祭主義を柱とする教義を展開した。

和合、正直、謙譲、忍従などの、当為の徳目としてかかげられた日常の生活態度」(子安宣邦監修『日本思想史辞典』)と定義しています。

通俗道徳を民衆に広めたのは、江戸時代末期の経世家・農政家の二宮尊徳や思想家の石田梅岩であり、努力は報われ、逆に報われない人間は努力していないという極論に至るわけです。

けれどもこれはおかしな論理です。なぜなら、努力は必ずしも報われるとは限らないからです。どんなに受験勉強を頑張っても志望校を不合格になることはあるし、会社で過重残業して仕事をしても評価されないこともある。こうした理不尽を受け入れないと、社会で生きていくことは厳しくなります。

少し脱線しましたが、話を戻しましょう。恒産《こうさん》を持っている人間は、しっかりとした生活を営んでいる人間であり、物事の判断ができると定義された存在です。当時は、そういう人間にこそ選挙権を与えたほうがいいという結論に至ったのです。正しいかどうかは別として、この考えは日本の資本主義の発展に大きく寄与したことはたしかです。

国会を開設しようとするとき、同志社大学の創立者でありキリスト教の教育家・思想家であった新島襄が、議会開設に対して当初反対を表明したことはよく知られています。

その理由は、時期尚早だというもの。日本人のなかに、選挙によって代表を送り出していくという感覚がまだ育っておらず、民主制度の教育ができないところで選挙制度を導入したら、みんなが簡単に買収されてしまい、金権政治になると新島は考えたのです。大衆化時代の政治には常にそうした要素があることを、私たちは忘れてはいけません。

大衆の持つ反知性主義の危険性

では、大衆化した政治が進んでいくと、どうなるでしょうか。民主的な手続きで決まった議会によってではなく、政府に直属している諮問会議といったような特別な機関で、さまざまな政治事項が決定されるようになります。簡単にいうと、民主的手続きの外側で、国家の根本的な問題が決定されてしまうようになる。

こうした状況は、安倍政権以降の日本でかなり顕著になっています。このしくみは、総理とその側近との属人的な関係やネットワークによって、国民からはまったく見えないところで、国民にとっての重要な政策事項が決まってしまうというものです。こうした現象は日本だけのものではなく、今や各国共通の現象となっています。

つまり政府は、大衆の反逆を避けるため、大衆の回路に通じている議会を迂回するしくみをつくるようになるのです。欧米型民主主義では、通常そういったことは許されないのですが、新型コロナ問題や、ウクライナへのロシアの突然の侵攻による戦争であるといった緊急事態時には、欧米型民主主義的でない決定を国民が是認してしまう傾向があります。

民主主義体制下で反民主主義的な決定がなされていく、という逆説。この構図にいかに私た

2022年2月24日、ロシアはウクライナへの本格的な軍事侵攻を開始した。 Photo by EPA＝時事

ちは向き合えばよいのか。それが今、試されているのです。

大衆化された民主主義というものは、反民主主義的であり、正確にいうならば、**反知性主義**を示すものであるといえます。こうした状況下では、合理的な政治ができません。理性に即して戦略的な思考ができないというのは、政治運営や実践において致命的なものです。

特にこの現象が顕著に現れ、危険な状態になるのは、一つは外交安全保障問題に関するものであり、もう一つは税制に関するものです。

後者に関しては、12ページで述べた減税と貧困層の関係の通りですが、前者に関しては、大衆は勇ましい意見を受け入れる傾向があります。

反知性主義◉知識人や知的エリートの言うことに反対し、大衆の持つ意志や感情を優先する主張。一見、自由な思想に見えるが、ポピュリズムや、悪くするとファシズムに陥る可能性を持つ。

たとえば尖閣諸島や竹島は日本の領土であるから、断固として中国や韓国と対峙すべきだといった強硬な意見を、大衆は支持する傾向があります。大衆がこうした即物的で自己中心的な基準によって動いてしまうと、合理的な政治ができなくなってしまいます。

大衆化社会における民主主義というものは、反民主主義、反知性主義の政治にならざるを得ないのです。こうして見ていくと、大衆化社会における民主主義の運営上の危険性というものが、明確に理解できるはずです。

オルテガが『大衆の反逆』で提示したさまざまな課題は、現在においても未解決のままなのです。

第1章

民主主義を蝕むものとは何か？

民主主義の危機が今、世界中で叫ばれている。
中国やロシアなどの権威主義国家の存在、
イスラム原理主義に基づくテロ組織の台頭、
そして、西欧では極右政党が議席数を伸ばしている……。
民主制崩壊のメカニズムを今こそ考察すべし。

CHAPTER-1
1

自由と平等をつなぐ「友愛」

フランスの国是の成り立ちを知る

一七八九年にフランス革命が起き、自由（Liberté）、平等（Égalité）、所有（Propriété）を国是とするフランス共和国が誕生しました。

この国の最初の国是が自由、平等、友愛（Fraternité）ではなかった点は意外でしょうが、自由、平等、友愛が国是になったのは、一八八〇年の第三共和政下においてです。

このことは何を意味するのでしょうか。自由と平等が最初から重視されていたこと、そして友愛ではなく「所有」が選ばれていることは、フランス革命がブルジョワ革命であったという大きな根拠になります。

フランス革命によって何世紀も続いていた王制が倒され、特定の個人を主権者とするのではなく、国民全体を主権者とする共和国が誕生しました。けれどもこの革命は、国民すべてに支持されたものではありません。革命を推進した主要階層は、ブルジョワジー（経済力をつけた市民階級）であり、人口の大半を占めた農民層の多くは革命を必ずしも支持しなかったのです。

ブルジョワジー◉中産階級を示すフランス語。近代市民革命における中心的な役割を担った階級であるが、マルクスによってプロレタリアート（無産階級）を抑圧する支配階級とされ、プロレタリア革命によって打倒されるべき対象とされた。

当時のフランスの識字率は、桑原武夫の『世界の歴史〈10〉フランス革命とナポレオン』の中での指摘によると、男性が四七パーセントで、女性が二七パーセントにすぎません。字が読めるのは貴族、僧侶、ブルジョワジーで、国民の大半を占める農民は字が読めず、満足な教育も受けておらず、革命などというものを考えたこともなかったとされています。

こうした側面から見れば、農民は現状に対して大きな不安や不満があったとしても、革命を推進する力がありませんでした。彼らは自由とは何か、平等とは何かという問題をまったく理解しないまま、自分たちを取り巻く政治や社会のレジーム（体制）の突然の変化に直面した。つまり、自由や平等という問題を考え、この大きな概念を国家の中心に据えたのは、当時のフランスの国民の大多数を占めていた農民ではなく、ひと握りのブルジョワジーたちだったというわけです。

友愛がなぜ必要なのか？

ここで二つの疑問が浮上します。

一つは、なぜフランスの国是が第三共和政のときに「所有」から「友愛」に変更されたのかという点、もう一つは、自由と平等（民主主義）は両立するのかという点です。

まずは第一の疑問ですが、「所有」という概念は、近代資本主義を発展させるために必要なものでした。しかし国家は、経済的側面だけで成り立つものではありません。フランス革命後、教育による識字率の拡大もあって、それまで政治参加できなかった農民にも参政権が与えられました。フランスを近代国民国家として発展させていくためには、階級間の軋轢《あつれき》を解消する必要があったからです。

そこで、「所有」よりも「友愛」という概念が重視されるようになったのです。

第二の疑問に移ります。

日本に自由民主党という名前の政党があるように、自由と民主という言葉は不可分なものに見えるかもしれません。しかし、自由主義には弱肉強食で奪い取るという側面があるのに対して、民主主義の根底には弱者救済的な平等の概念がある。自由には、格差があってもそれを是認するという方向性があり、それは平等という概念に反する欲求なのです。

民主主義という考え方は、平等と親和性があるため、民主主義が究極の方向に進めば、一生懸命働く者も怠けている者も、みんな同じ収入という形になってしまう。だから、自由と平等という発想は元来、相容れないものなのです。

国民国家を維持するためには、この二つの対立する概念の間に折り合いをつける必要が出てきます。そこで「友愛」の精神が必要になる。自由主義と民主主義（あるいは平等主義）は、別の方向を指しているベクトルであるために、友愛がなければ、バラバラになる危険性を常に孕《はら》んでいるということです。

愛他主義◉他者の幸福や利益を最重要視する思想。利他主義ともいう。利己主義の対義語である。

アルジェリア出身のフランスの経済学者ジャック・アタリは、『21世紀の歴史』で、アングロ・サクソン型の民主主義が新植民地主義をつくり上げ、アメリカという巨大帝国が自国型の民主主義を無理に輸出することで、多くの紛争や多くの搾取、貧困や格差を生み出したと指摘し、このまま歴史が進めば人類は滅亡へと突き進むと警鐘を鳴らしました。

その上で、**愛他主義**的な新たな思想とシステムの必要を説き、「人類は、他者が健康や行き届いた教育といった尊厳や自由を得る手段を完全に保有していることで利益を得る。つまり、人類は、各人が幸せに暮らすことで利益を得るのであり、愛他主義が各人の利益となるのである」と語っています。

アタリの主張は友愛というよりも博愛に近いものですが、ベースになっているものは、フランスの国是の一つである友愛の精神なのです。

ここで日本に目を向けてみましょう。

自由民主党は一九五五年に自由党と日本民主党が合同して結成されました。その背景には、保守勢力が当時の社会主義勢力の台頭を危惧《きぐ》したという理由があります。確認しておきたいのは、当時の日本社会党は議会を通じて社会主義を目指す革命政党であったという点です。

つまり、反共という同一の主張を通して、自由主義と民主主義という方向性が違う考えを持つ人たちが結びついたのです。革命を阻止しなければならない。共産主義国になったら天皇制も廃止され、**国体**が壊されてしまう。そうした考えのもとに集まったのが自由民主党なのです。

国体◉国家の基本体制、あるいは、基本特性。また、その国の主権が誰に属するかを示す場合もある。

近年、自民党に活力がなくなり、バラバラになってきた一つの大きな要因に、共産主義の脅威がなくなったことがあります。もはや、自由主義者と民主主義者がまとまる必然性がなくなっているのです。そうした状況になったときに政権交代が起き、一九九三年に細川政権ができたというわけです。この政権を支えた「新党さきがけ」にしても「自由党」にしても、おもなプレーヤーはすべて元自民党議員であったことを忘れてはなりません。

友愛は誰に向けられるべきなのか？

重要なのは、国民をまとめるのは友愛の原理という点です。「我々は友だちなんだ、同胞なんだ」という意識です。この意識がなければ国家アイデンティティは維持できなくなる。その理由を、アメリカの社会学者ロジャース・ブルーベイカーはこう語っています。

すべてのアイデンティティ（自己同一性）のカテゴリーがそうであるように（…）、自己による同定（自己同定）と他者による同定（他者同定）は相互依存的である。すなわち、自己同定はその根本において、広く一般的に他者からどのように同定されているのかによって形成され、また他者同定も、有力な自己同定のイディオム、とくに公共的に語られる集合的自己同定によって形成される（…）。（『グローバル化する世界と「帰属の政治」』）

ブルーベイカーによれば、お互いの帰属意識（同胞意識とも言い換えられます）によって、国家アイデンティティが形づくられるということになります。

帰属意識が希薄になると、社会福祉政策はいらないという意見が声高に語られるようになります。なぜなら、同胞という意識がなくなると、自分の所属している共同体内の弱者がどうなろうとかまわない、と考えるようになるからです。自分の利益だけが重視され、相互扶助など必要ないという意見が強調されるようになってしまうのです。

国民という概念があまりない、たとえば中東諸国などでは、国民ではなく部族が中心となって共同体をまとめあげています。なぜ部族が中心になるのかというと、そうした国は内婚制だからです。いとこ婚をベースとして結びつき、そのシステムに則《のっと》って共同体内の関係性がどんどん固まっていきます。そのような共同体は、国民国家ではないので、自分たちの部族員でなければ援助をしません。

また、過激派組織の「イスラム国」も、いろいろな国にまたがって活動しています。彼らにとって、国家間の境界などないも同然です。自分たちの持つ宗教的価値観や信仰姿勢が重要なのであって、それを共有していない人間は自分たちの外部であり、排除の対象となる。極端な場合は殺すべき者となってしまいます。

このように、「友愛」というものは誰に向けるかでその意味は変わってしまいます。「友愛」が、必ずしも国家のアイデンティティを支える原理にならない場合もあるのです。

イスラム国◉2006年から活動を行っているイスラム過激派組織の一つ。一時はイラクとシリアの国境付近で国家樹立を宣言したが、両国から駆逐された。現在は弱体化しているが、テロ活動はいまだに続けられている。

CHAPTER-1
2

民主主義に政党は必要なのか？

政党は特定の集団の利害を代表する

議会制政治における政党は、パーティー（党派）が中核となります。それは「部分」の代表を意味し、代表する者と代表される者の利害関係が一致していることが前提となります。

こうした状況下で、多くの政党は「全体」を代表している政党ということを標榜したがりますが、「全体」の代表は、実際には無代表と同義です。

社会の中には必ず利害対立があります。地方の農民と都市部のサラリーマンの利害は異なるし、男性と女性も利害の違う部分がかなりあるでしょう。

また、高齢者と若者は利害が一致せず、健常者と障がい者の利害も一致しません。なので、予算の策定や法律の制定などにおいて、「部分」の代表である政党が、議会の中で議論を尽くして妥協をしていくというのが、民主主義の正常な姿なのです。

政党と選挙制度に関しては、政治学者の中北浩爾が『現代日本の政党デモクラシー』で興味

無代表◉どの集団にも属さず、中立であるために、特定の集団の代表者ではない状況、あるいは、そうした人物のこと。

深い論を展開しています。彼は、アメリカの政治学者アレンド・レイプハルトが『民主主義対民主主義』の中で提唱した概念を使いながら、この問題を分析しています。

中北は、「レイプハルトは、多数派による支配を意味する民主主義を、イギリスに代表される多数決型と、ドイツなどにみられるコンセンサス型の二つに類型化している」と紹介した上で、「ぎりぎりの過半数の多数派に政治権力を集中的に与える多数決型に対して、コンセンサス型は多数派の規模を最大化しようと試み、幅広い政治参加や広範な政策的合意を目指す。この二つのタイプの民主主義を区別するもっとも重要な変数は、選挙制度である。多数決型は勝者総取りの小選挙区制に、コンセンサス型は多様な民意の代表が可能な比例代表制に基礎を置く」と主張しています。

こうした選挙制度の差異によっても、政党のあり方は変化します。「部分」の代表としての政党の意味が崩壊してしまうと、「全体」の代表を標榜するようになり、そうなると民主主義的な正常な政治機能が不全に陥ります。

日本で今、「部分」の代表として機能している政党は、公明党くらいではないでしょうか。共産党も自らを国民政党と言い出していますが、大資本の利益は代表しないと表明しているので、共産党も「部分」の代表であるといえるでしょう。共産党と公明党が「部分」の代表とすると、それ以外の政党は「全体」の代表を標榜していることになります。

つまりこの状況は、多くの政党が政党としてまったく機能していないことを意味します。

細分化、複雑化するアメリカの政党支持層

ここでアメリカについて考察してみましょう。アメリカでもやはり政党は「部分」の代表として成り立っています。ただしトランプの登場でこの構造は大きく変化しつつありますが、ここで記すのは、トランプ以前の共和党と民主党の基本構造です。

アメリカでは長年、共和党と民主党という異なる支持層を持つ政党がそれぞれの支持者の意見を代表していました。共和党の地盤は宗教右派と軍産複合体で、白人のエスタブリッシュされた層で成り立っています。

民主党は黒人やヒスパニック、LGBTQ+を積極的に推奨する人たち、高いレベルの教育を受けているリベラルな思考の人たちから成り立っている。イギリスの場合も、労働党は労働者で、保守党は資本家・地主といった「部分」の代表になっています。

ただし、アメリカの「部分」は細分化されていて、アイデンティティは非常に複雑化しています。アメリカで政党支持を表現するとき、州や選挙区ごとに赤（共和党支持）と青（民主党支持）によく色分けされますが、あれは正確ではありません。たとえば一つの市の中でも、中心部は移民や貧困層が多いため青で、周辺部にいくと赤くなる。全体で見れば、モザイク状で紫になるというのが正確な区分になると私は思います。

アイデンティティの細かい分裂を強調するのは、アメリカの特徴です。というよりも、アングロ・サクソンの特徴なのです。もっと共同体的な発想をするロシアや中国、あるいは日本と

LGBTQ+◉性的マイノリティ（少数派）の総称。レズビアン（女性の同性愛者）、ゲイ（男性の同性愛者）、バイセクシャル（両性愛者）、トランスジェンダー（性別越境者）、クエスチョニング（性別弁別不可能者）のこと。これら以外にもさまざまなセクシュアリティがあるという意味で「＋」がつけられている。

は、そこが大いに異なってくるわけです。

日本の政党政治と天皇制

日本の場合、近未来に考えられるのは、沖縄で独立党ができる可能性です。それ以外のところでは、新たに大きな党が生まれる可能性は少ないと思います。新宗教や共産主義といった、宗教やイデオロギーをベースにした集団は大きい集団にはなりにくい。しかし、そうした集団は組織として動けるので、小が大を飲み込むことも起こり得ます。

現在の保守政治を見ると、公明党が自民党を飲み込んでいたり、二〇二四年の都知事選のように立憲民主党と共産党が共闘する場合は、共産党が立憲を飲み込んだりする状況が考えられます。組織化された少数派というのは、組織化されていない多数派を簡単に飲み込むことができるのです。しかし「それが民主的か？」と問われると、明確な答えは存在しません。

ちなみにレーニンは、逆にこれを徹底していこうとしました。前衛党理論に基づいて組織された職業革命家による集団が大衆を主導していく、それが民主主義だと考えたのです。

日本の政治において、自民党と立憲民主党が対立軸をむりやりつくり出そうとしても、なにも変化は起きません。日本の場合はどの党になっても同じです。なぜなら、どの党も政権を取ると「権力党」になるからです。権力党とは文字通り、権力を持つ政党のことです。権力を持ち、それを自己の利益や支援者の利益の最大化に利用する政党のことで、そこに明確な理念はありません。

日本の経済、政治、文化におけるエリート層は、その権力にすり寄っていくだけです。そしてエリート層が権力党に集中するため、権力党の周辺以外で国家のマネジメントはできません。ですから、常に権力党がスタンダードになる。看板が自民党から立憲民主党に変わっても基本的には体制は変わらないのです。その意味において、根本的な政権交代は起きません。結局は、権力党と、それに随伴する政党と、異議申し立てをする人たちの党、という構図は変わらないのです。

国家のあり方、ということを考えると、日本の場合は天皇制が関係してきます。天皇制がある以上、この国では誰も完全なトップになることはできません。最終的に権力の実体がどこにあるか判断するとすれば、それは「憲法を超える力があるかどうか」です。天皇陛下が「自分は生前退位したい」と言われ、それは憲法上は違反であるかもしれないけれど、結果として追認された現実があります。平成時代の天皇の生前退位の問題は、憲法という観点から考えるとじつは重大な問題であり、内閣の助言によって行われたことではないという点を考えても、本来ならばご意向を無視しなくてはならないものだったと私は思います。

あのときの状況では、三つのチョイスがあり得ました。一つは無視する。一つは天皇陛下のいう通りに皇室典範を変える。一つは特別法で対応するというもの。結局三番目の方法がとら

天皇陛下の生前退位にともなう「退位礼正殿の儀」が映された街頭ビジョン。Photo by 時事通信フォト

れました。しかし、それは超法規的な措置です。それゆえ、天皇には憲法を超える力があったことになる。カール・シュミットがいう「主権者とは、例外状況に関して決定をくだす者をいう」という、まさにその様相を示しているのであり、この点から考えれば、日本における主権が国民にあるとは、必ずしもいえなくなります。

この問題はかなり重要で、天皇が何らかの意志を示せば、政治が天皇の望む方向に動く可能性があり得ることを意味します。平成時代の生前退位によって、憲法秩序を超えるものを属人的に持っている人物がいるということが可視化されたのです。

つまり、この国は立憲主義が成り立っていないといえなくもない。しかしそもそも、こういった根本的な問題が日本の政治上、争点にすらなっていないということを、私たちはきちんと認識しておくべきなのです。

例外状況◉議会制民主主義下で、通常の国家運営では緊急事態に対応できないような場合の特別な政治状況。カール・シュミットによって提唱された。ナチス・ドイツのヒトラー政権は例外状況理論によって正当化された。

CHAPTER-1
3

「民主主義は正義」と思う瞬間が危ない

価値相対主義の時代を迎えて

価値観の多様性が進む今、ナラティブ（物語）という言葉が注目を集めています。これは、一種のロマン主義の現れであるといえます。ロマン主義は十八世紀のドイツで起きました。

トーマス・マンは「ドイツとドイツ人」という講演で、「ゲーテは、古典的なものは健康なものであり、ロマン的なものは病的である、という簡潔な定義を下しました」と述べ、さらに、「(…) 薔薇《ばら》に毛虫が巣食っているように、ロマン派が、その最も優しく最も繊細な、庶民的であると同時に高度に洗練された現われにおいてすら、体内に病菌を抱いているということ、ロマン派がその最奥の本質からすれば誘惑であり、それも死への誘惑であるということは否定できません」と語っています。

ロマン主義的なものには、反合理的で危険な死の香りが漂っています。それだけではありません。今起きているロマン主義現象は、二十世紀のニヒリズムを経たロマン主義です。その基調はニヒリズムであり、ロマン主義的な熱狂よりも、生を否定し、即物的で刹那《せつな》的なものしか認めない態度が見られます。こうしたニヒリズム的様相を日本で今、いちばん体現しているの

ナラティブ 「物語」、あるいは「語り」を表す英語。テーマを持った筋のある語り全体はナラティブなものとして捉えることが可能であり、そうしたものを研究する文学理論として「ナラトロジー」が存在している。

が、昨今もてはやされるインフルエンサーと呼ばれる人たちです。彼らは権力とは決して闘いません。インターネットのような閉じられた範囲内でニヒリズムを展開し、権力には絶対に反抗しない。いわば価値相対主義の権化みたいな存在です。

しかし相対主義の人というのは、結局は腕力のある者についていく、権力に服従する存在です。それが意味するのは、暴力を持っている者が勝つことを肯定するということです。正義もなければ、普遍的価値も認めない。刹那《せつな》的に現実を生きているだけです。そうした姿勢を示す人間がもてはやされる価値相対主義の時代、それが今の日本の姿なのです。

民主主義をもう一度見直す

こうした価値相対主義の時代において、民主主義の本質をもう一度見直さないといけないと、私は考えています。現在の日本に存在している民主主義は、本当に民意を反映しているのか、民主主義によって民意が実現されるとはどういうことなのか、そういう根源的な問題の探究が重要になるのです。

この問題に対する真剣な議論は、一九六〇年代にもなされていました。現代思潮社から出た『民主主義の神話』には、当時の左翼運動の指導者であった黒田寛一や詩人・教育運動家の谷川雁らの論文が収録されていますが、彼らの思想をもう一度見直す必要があります。

黒田寛一は、同書に掲載された「党物神崇拝の崩壊」という論文において、

「いわゆる『民主主義』派に共通な本質的特長は、まさに思想と行動の基礎となるべきものへの認識が完全に欠如していることである。現代とはいかなる時代であり、現代日本の政治経済構造はどのようなものであるか、ということにかんする事実認識から完全にときはなたれた地平において、きわめて皮層的に、かつ機能主義的に、問題がたてられ追求されていることである」と主張しています。

黒田寛一が日本の知識人に対して強い影響力をもっていた時代のこの論文を読む意義は大きいと私は思います。なぜなら、人を殺してまで、あるイデオロギーを実現させようとする思想には強力な力がありますが、黒田は革マル派の創設者として、そうした思想を明確に表明した人物であり、彼の論文にはその根本的な考えが述べられているからです（多くの左翼思想家が黒田の影響を受けていることを隠していますが）。

黒田は最後の著作『実践と場所』で、日本主義に回帰します。この黒田の回帰の形は、ある意味で非常に京都学派的だと思います。最高の知性を示しながら、しかもあれだけの殺人を行う人間を生み出した思想の力は、戦前に京都学派の哲学者、田辺元が示した国家主義的思想と通底するものがあります。

こうした問題は、日本の幕末の勤王の志士たちの殺し合いや、自由民権運動での闘争、一九三〇年代の皇道派と統制派の闘い、日本共産党の一九五〇年代の所感派と国際派の争いといっ

京都学派◉大正期および昭和初期に京都大学で西田幾多郎と田辺元を中心として形成された哲学の学派。独創的な思想を展開したが、太平洋戦争を思想的に推進したという大きな負の側面を持っている。

た問題とも通じています。歴史を見れば、イデオロギー上の違いで、常に殺し合いが起き、血みどろの戦いが起きている。その事実を私たちは真摯に受け止める必要があります。

「これこそが正義」と思い込まない

イデオロギー闘争を宗教の力を借りずに、それこそライシテ（フランスの政教分離のこと）の価値観でどうやって解決していくかという問題は、私たちにとって非常に重要です。とくに殺人を正当化する言説にどう対抗するのかを考える上で。

おそらく自分たちが殺人を行ったことがないために、殺人を許容する思想が生まれるのではないでしょうか。目の前にいる人を殺すというのはどういうことか、人を殺すときに相手がどのくらい抵抗するか、といったことを理解しないまま成り立つのが、イデオロギーに起因する殺人の論理だと思います。人が死んだ場合に、周辺の人たちがどのような悲しみに覆われるかといったリアリティがまったく欠如しているのです。

こうしたことを全然考えていなかった人たちが突然殺し合いの中に入れられると、いくらでもエスカレートしていく。その典型が新左翼の内ゲバでした。だから、もう一度、こうした問題を検証しなければならない。なぜなら、イデオロギーによる殺し合いは特定の過激派集団内だけに起きるものではなく、もっとも大きなものは国家間で起きるからです。日本の左翼運動の内ゲバ闘争時代に、普通の大学生たちがどうしてあんな殺し合いを行ったのか。

皇道派と統制派◉昭和初期における大日本帝国陸軍の二大派閥。皇道派は天皇親政を強く主張したのに対し、統制派は合法的手段によって軍がイニシアティブをとることを目指した。両者はやがて二・二六事件で衝突することとなる。

少なくとも集団の権力欲とか、そういうことではなかった。そこには正義と正義のぶつかり合いという側面があったのです。この問題は容易に答えが出せるようなものではなく、問い続けていかなければならない事柄だと私は考えます。

この問題を真摯な姿勢で考察した小説家・高橋和巳の『暗殺の哲学』には、彼の見た悪夢についての記述があります。

錆びてしまった古風な剣を振りあげて、霧のように形定かならぬ何物かに向けておどりかかり、しかも、次の情景では自分の死体が荒涼たる荒野に横たわって鴉の餌食になっている。死魚の目のように濁った空が無意味にひろがり、もう一人の別の私が、世界の悲惨とはかかわりなく、飴玉のようなものを頬のなかでころばせながら、とぼとぼと道なき道を歩いてゆく。そしてふと我に帰れば、私は、世界とともに、かわることなく、あまりにも愚劣なのである。(『暗殺の哲学』)

彼の言葉からは、イデオロギーの残酷さとそれを正面から見すえようとする姿勢が見てとれます。この姿勢を私たちも受け継いでいく必要性があると、私は考えます。

この問題は、民主主義という思想を考える場合でも、適応可能なものです。つまり、民主主義を主張する者が、民主主義こそが絶対的な正義だと思う瞬間が危険なのです。民主主義は絶対的な正義を確定できるものではないと考えなければ、そこに殺人のイデオロギーが忍び込ん

所感派と国際派◉1950年代の日本共産党の二大派閥。所感派は当初は主流派で、武力革命を目指すが衰退していく。国際派は武力革命に反対し、少数派であったが、のちに共産党の主流派となった。

絶対的な正義を信奉することから、争いが生まれ、血が流れることがある。
Photo by 朝日新聞社／時事通信フォト

内ゲバ◉仲間同士や集団の中で行われる暴力行為、抗争。
ライシテ◉無宗教性を示すフランス語。政教分離原則ともいう。ライシテはフランスの国是であり、フランスは特定の宗教の優越性を国家として認めず、宗教的には中立的立場をとっている。

でくる隙間ができてしまう。「自分はこういったことが絶対的な正義と思うのだが、他の人にとっては絶対的に正しいことが別途あるだろう」と想像し、自分の考えと他人の考えとに折り合いをつけていこうという努力をし続けなければ、民主主義の実践が血みどろの戦いに変わりかねないのです。

民主主義がポピュリズムに変わるとき

今、述べた問題は、ポピュリズムの問題を考える上でも重要です。ポピュリズムというのは、簡単にいうと、権力を手に入れたあとは何をやってもいいということです。この考え方のなかには、民主主義が孕《はら》む問題点がはっきりと現出しています。

安倍内閣で内閣官房参与を務めた評論家の藤井聡は、ポピュリズムをブラック・デモクラシーであるとみなし、この種の民主主義には四つの要素があると述べています。

❶多数決崇拝：多数決の結果こそ崇高なるものだと主張する。
❷詭弁：弁証法的議論を避け、ひたすらに「詭弁」を弄し、「真実」に基づく批判を無力化し、封殺する（したがって、これらもまた「言論封殺」の一種である）。
❸言論封殺：あらゆる権力を駆使して「言論封殺」を図る。
❹プロパガンダ：あらゆる心理操作を駆使して、自説への賛成を増やすための嘘にまみれたプロパガンダを徹底展開する。（『ブラック・デモクラシー』）

この四つの手段を駆使することで、ブラック・デモクラシーの実行組織は、民衆をコントロールできると藤井は述べています。

ポピュリズム運動において、日本のある政党が、減税や小さい政府を主張するとします。私たちはその政党が主張する、減税や小さい政府の問題点をよくよく考えなければなりません。その主張の中には、小さい政府はかえって高くつくという点が巧みに隠蔽《いんぺい》されています。だいたい給与が安い警官というのは、非常に危ない存在です。アフリカ諸国や中東諸国の警官やフィリピンの警官などは、私たちが一般的に考えている警察機構ではありません。国家公務員でありながら汚職にまみれ、賄賂で事件をもみ消すことが日常的に行われている。

減税や小さな政府を推し進めれば、こうした半分マフィアのような警察が日本に誕生してもおかしくはないのです。

この点を無視した政治スローガンの危険性を、私たちは十分に考慮していかなければならないのです。

CHAPTER-1
4

戦争と民主主義の危機は無関係じゃない

民主主義の危機と世界の有事は表裏一体

私たちは、今の政治の絶望的状況に気づいていないのではないでしょうか。私は現在の世界を、二つの方向から見ていくべきだと考えています。

一つは民主主義の危機で、もう一つが世界の有事です。私の中で、この二つの問題は重なっています。

民主主義の危機についての考察は、私たちの足元のほうから世界を見ていこうとするものです。たとえば岸田政権の謎を問うことが、その典型です。どうして二〇二四年四月時点で一六パーセントの支持率しかないのに、まだ政権が生き長らえているのか。この現実が民主主義の危機そのものではないかと問うことです。

民意が反映されているなら、この支持率では当然政権交代が起きてもいいはずです。しかし、不思議なことに岸田政権は延命しています（二〇二四年八月現在）。こういう状態こそが民主主義の危機といえるはずです。

死に至る病●1849年に出版されたキェルケゴールの哲学書。「死に至る病は絶望のことである」や「絶望とは罪である」と書かれているように、この本では絶望とキリスト教への信仰についての考察が展開されている。

しかし、私たち日本人はこの現実を意識していません。キェルケゴールが『死に至る病』の中で言っている絶望的状況にあるのに、私たちはそれに気づいていない。キェルケゴールはこの状況を「非本来的絶望」と表現し、「絶望して、自己をもっていることを意識していない場合」と定義しています。私たちは、それとは認識せずに絶望的状況に投げ入れられているという、かなり深刻な危機の中にあるのです。

私が今ここで提案したいのは、端的に言うなら「人間ドックに入りましょう」ということです。それは、γ-GTPとか血糖値とかの変な数字は見たくないから、ドックに入りたくない、健康診断は権利だから権利は放棄できる……といった、仕事一辺倒のワーカホリックの人にありがちな屁理屈をこねるのではなく、民主主義というものをとにかく一度ドックに入れて、その病状を明らかにしようという試みです。

もう一つ大切なのは、世界中でさまざまな紛争が起きているなかで、「これは遠くで起きているので、あまり私たちに影響がない」と考えるのではなく、「かなり火の粉が降りかかってきており、大火になるかもしれない」と認識することです。

民主主義の危機と世界の有事の現在、という二つの視点を得て、初めて世界の構造が明確に見えてくるはずです。この二つの視点を持つことによる考察は、最終的には私たちの日常生活にも役に立つと思うのです。

ワーカホリック◉「仕事中毒」と訳される英語。ワーカホリックは生活の糧を得る手段であるはずの仕事に、私生活までが犠牲になってしまう状況を指す。会社人間というものもワーカホリックの一つの形態として考えられる。

たとえば、「今、転職について考えているが、どうしたらいいのだろう？」という自分にとって身近で切迫した問題があるとします。その答えの何らかのヒントになるものが、国内や世界の情勢と関係があるかもしれません。なぜなら、民主主義が危機に陥り、世界が紛争にまみれている極度に流動的な時期においては、転職は控えてとりあえず安全策をとったほうがいいと思うからです。そんな示唆を国内外の情勢から受け取ることができます。

加えて、「生き残りのためだったら人間は何をやってもいい」という発想で、国が嘘をつきはじめているというのを見抜く力を養うという点でも、民主主義の危機と世界の紛争という二つの方向からのアプローチはきわめて有効になるでしょう。

他の国の内在的論理を理解すべき

紛争・有事という問題を冷静な目で客観的に見るためには、敵対する人たちを異常な人たちとみなして、「あそこは異常で、なんと残虐なんだ」という意識を、一度カッコに入れて、その人たちはどういう内在的な論理で動いているのかを考える必要があります。

ハマスの内在的な論理、イスラエルの内在的な論理、ウクライナの内在的な論理、ロシアの内在的な論理、アメリカの内在的な論理というように……。そして、日本はこうした問題にどのように立ち回っていくのかを真剣に考える必要があります（くわしくは本書と同シリーズの『戦争と有事』を参照）。

このように見ていくと、今のイスラエルとイランの関係を多くの人が読み間違えていることがわかります。今回の局地的に起きていること（二〇二四年四月のイランによるイスラエルに対するドローンなどによる報復攻撃）に関しては、お互いゲームのルールが確立しています。

哲学者のバーナード・スーツが、『キリギリスの哲学』において、「ゲームをプレイすることは、ルールが認める手段だけを使って、ある特定の事態をもたらすことを追求する活動」と述べているように、決められたある枠内で行われている紛争なのです。プロレスでたとえるなら、決められたルールの中でお互い大ケガをしないように戦うということです。

ただし、イスラエルが核保有国だということは理解しておく必要性があります。日本では多くの人が、全体としては大丈夫だが、局地的部分では危ないと思っています。しかしそれは逆で、じつは局地は大丈夫だけれど全体構造が危ないのです。全体構造の危機とはもちろん、イランとイスラエルがともに核兵器を持っていることです。

そういう点を分析するのに必要なのが、第4章でくわしく説明する**オープンソース・インテリジェンス**なのです。

オープンソース・インテリジェンス（Open-Source Intelligence）◉情報の収集手法の一つ。公開されている利用可能な情報を収集、評価、分析することで得られる情報。セキュリティ調査やマーケット分析など幅広い分野で利用されている情報収集手法を指す。OSINTと略すこともある。

CHAPTER-1
5

国民国家が民主主義にもたらすもの

政治的単位と民族的単位が一致するナショナリズム

チェコ出身のイギリスの歴史学者・哲学者のアーネスト・ゲルナーは、『民族とナショナリズム』において、「ナショナリズムとは、第一義的には、政治的な単位と民族的な単位とが一致しなければならないと主張する一つの政治的原理である」と述べ、さらに「感情としての、あるいは運動としてのナショナリズムは、この原理によって最も適切に定義することができる。ナショナリズムの感情とは、この原理を侵害されることによって喚び起される怒りの気持ちであり、また、この原理が実現されたときに生じる満ち足りた気分である。ナショナリズムの運動とは、この種の感情によって動機づけられたものにほかならない」と主張しています。

つまりナショナリズムとは、政治と民族が一致したときに生じ得る政治原理ということになります。では、民族というものはどうやってできるのでしょうか。

このきわめてファンダメンタルな疑問への回答には、いろいろな説がありますが、ゲルナーが中心に据えているのは言語です。ゲルナーは世界の民族の数を概算すると八百くらいになるといいます。そのくらいの民族がいるとして、それらの民族に潜在する言語はその十倍はあるので、世界の言語数は八千ほどとなります。ゲルナーは「このおおざっぱな計算からえられる結果は、一〇の潜在的ナショナリズムに対して、有効なナショナリズムはただ一つしかないということである！」という考えを提示しています。一つの成功したナショナリズムの背後に、九つの失敗したナショナリズムがあるのです。

ナショナリズムがプラスに働く場合の民主主義というのは、おそらく自分の国家の中においての民主主義であって、自国の外に対する民主主義ではありません。そうであれば、自国の民主主義制度を他の国に強制することは、正しい戦術とはいえません。しかし、アングロ・サクソン系の国々、特にアメリカとイギリスは、自国型の民主主義を他国にも強制しています。この点が民主主義にとっての大きな問題となっています。

アングロ・サクソン型民主主義の問題点とは？

西洋的な、というよりも、近代の民主主義というゲームのルールの基本にあるものは、「国民国家＝ネーションステート」です。たとえば、国際連合はユナイテッド・ネーションズであって、ネーションが連結しているという機関です。ネーションは民族とも訳せますが、そのネーションステートが主権を持っていることが重要であるという考え方です。国際連合は、国内の政治、社会、文化システムがどうなっていても、国際的には各ネーションは全部同じという

ネーションステート　国民国家。民族国家。国土を政治的統一性やまとまりを持つ構成員（国民）によって統治している国家。また、国家と国民が固く結びついている統治体制。

のが建前になっている。

けれども、アメリカ、ロシア、イギリス、フランス、中国という五大国は拒否権を持っているために特別扱いというルールになっており、この点でいびつな組織になっています。

もう一点、国民という概念で注記しておくべき事柄があります。それは、アイルランドの政治学者ベネディクト・アンダーソンが『想像の共同体』の中で書いている「国民とはイメージとして心に描かれた想像の政治共同体である」とする言説です。

国民一人ひとりが、自分はアメリカ人である、自分は日本人である、という意識を持たなければ、国民国家は成り立ちません。では何をもって、自分はアメリカ人である、自分は日本人であると考えるのか。そこには、一人ひとりのさまざまなイメージが反映されていると、アンダーソンは主張しています。

たとえば、日本人ということに関するイメージについて、ある人は日本語を話している国民と考え、ある人は能や狂言、歌舞伎や落語、短歌や俳句といった伝統文化を守っている国民と考え、ある人は天皇制という国家体制を守っている国民と考える。このように国民のイメージとは確固としたものではなく、各人で異なります。けれども、それらのイメージが想像の政治共同体をつくっているのです。

ここで民主主義の問題に立ち戻りましょう。各国のそれぞれの政治システムが尊重されるのであれば、各国ごとの民主主義があってもいいはずです。しかし、今、問題になっているのはアングロ・サクソン型の自由民主主義、とくにアメリカの新自由主義的な民主主義です。アングロ・サクソン型の自由民主主義の信奉者は、自分たちの民主主義こそが普遍的な原理であると主張しています。

アメリカの政治学者フランシス・フクヤマは『歴史の終わり』の中で、アメリカ人は生命、自由、幸福を追求する人間の権利の根源性を確信しており、「アメリカの建国者たちは、自国民のうえにいかなる政治的権威が打ち立てられようと、それ以前から彼らが人間としてこれらの諸権利を有しているのだと確信し、同時に、政府の第一の目的はそのような権利を守ることにあると考えていた」と書いています。

これはアメリカの変わらない認識であり、それをもとにして、今も昔もアメリカ人は自国の民主主義を輸出しようとしているのです。

言い換えれば、多様な民主主義をアメリカ人は認めないということです。他のアングロ・サクソンの国々にもこうした傾向が強く見られます。

しかし、この考え方は本当に正しいのでしょうか。もしも一つの民主主義体制しか存在しないならば、それはある意味、民主主義の終焉を意味することにならないでしょうか。むしろ、多様な民主主義が存在するべきだと私は考えています。

アメリカ型の民主主義の正体とは？

同じ西洋諸国でも、アメリカとヨーロッパで民主主義の考え方はまったく違います。エマニュエル・トッドは『我々はどこから来て、今どこにいるのか?』において、「民主制は常にエスニックな土台を有する」と主張していますが、この言葉は民主主義が地域ごと、国ごとに多様であることを肯定したものです。

トッドはたとえば、フランス型の平等主義の民主制と、アメリカ型の平等性と不平等性が混在した未分化型の民主主義の違いをくわしく分析しています。アメリカでの民主主義の発展について、「アメリカが近代民主制を発明したのは、白人住民のほとんどが読み書きできるようになっていて、教育上の具体的な平等主義が市民の平等を充分に考え得るものにしていたからである」と指摘し、さらに「その一方でアメリカは、情け容赦のない野蛮人〔米国独立宣言がインディアンを評した言葉〕、または黒人奴隷という、外見的にも異質の様相の強い『他者』を排除し、その『他者』との対立において定義される集団への生き生きとした帰属感情を見出し、培《つちか》った」と述べています。

この理想的な民主主義とは程遠い要素を内包したものがアメリカ型の民主主義である点を、トッドは鋭い言葉で暴いているのです。

部族社会と民族社会の違い

ソマリアやイエメンといったアフリカや中東の国々の社会を見ていると、民族的でも民主主義的でもなく、部族的であることがよくわかります。ただ、文化人類学者の原口武彦が『部族と国家』で、「部族とは、（…）出身、血縁的紐帯《ちゅうたい》にもとづいて人びとが自己同定している集団であるがゆえに、それは原基的な母子集団に至るまで限りなく細分化可能な集団であり、（…）そのどの水準を部族とよぶかということについて、客観的基準が存在するわけではない」と言っているように、部族が曖昧な集団単位である点は重要です。

アフリカにおけるこうした問題に対しても、やはりエマニュエル・トッドが『我々はどこから来て、今どこにいるのか？』の中で書いている家族構成の分析が参考になります。ソマリアやイエメンといった国々は、いとこ婚をベースとする**内婚制**の国で、生まれる前から結婚相手が決まっています。親同士が決めているのです。そして、権力も財産の分配も平等に行うので、国民国家、民主主義といったものが生まれにくいシステムになっています。

民族というのは、基本的に部族を超えないと成立できないものです。血がつながっていなくても同胞だと思うのが民族の意識だからです。民族になるには、いろいろな部族を超克して押さえる絶対君主が出て、絶対君主の**サブジェクト**としての臣民が存在することが前提になる。そしてあるとき、権力がひっくり返り、臣民が権力の主体になる過程が必要になります。そうしてできるのがネーションです。

部族が集まっただけでは部族のままです。部族を破壊し解体した上で、それを強権支配できる権力者が一度登場しないと、民族は生まれてはきません。

内婚制◉部族や親族、地域集団などの一定の集団内のみで行われる婚姻制度。集団以外の人と結婚するべきという制度を外婚制という。

サブジェクト◉臣民。国王や君主のもとにいる国民。

つまり、部族からの直線上では民族は生まれてはこない。必ずそこには強権的な体制が必要になる。その体制は宗教であったり、イデオロギー的なものであったりしますが、重要なことは強力な支配体制が必要という点です。

沖縄にナショナリズムが生まれた理由

ここで沖縄人とアイヌ民族の違いを見ていきましょう。アイヌは部族社会のままだったので、アイヌのナショナリズムは生まれませんでした。アイヌの人たちは地域ごとに、みんな言葉も違うし、帰属意識も異なります。つまり部族社会のままだったのです。そして全体を統率するようなリーダーが生まれなかったために、ネーションができなかったのです。

それに対して、沖縄の場合には、琉球王朝、とくに第二尚氏の時代、尚真王のときに今の琉球と奄美大島全体が統一されました。言語学者で沖縄研究者の外間守善は、『沖縄の歴史と文化』で、「(…)一四七七年から一五二六年までの五十年間在位した三代目尚真は、輝かしい業績を残したため、その時代は沖縄歴史上の黄金時代といわれている」と述べていますが、これは武力による統治で、この時期に絶対君主制が確立したことを意味しています。

こういった過程があるので、沖縄には琉球王国の国民という概念ができあがりました。明治以降にそれが解体されたけれども、このような琉球王国の歴史があるために、沖縄人としてのアイデンティティがある。このアイデンティティによって沖縄は、今でも沖縄人として固まっているのです。

尚氏◉琉球王国の王と王族の姓。15世紀に中国皇帝から贈られた名であるといわれている。第一尚氏(1406～1469)と第二尚氏(1469～1879)は王家が交替している。

中央集権体制を確立し、50年にわたって琉球王国を統治した尚真王。
Photo by Wikipedia（1796年／作者不明）

このことで沖縄には琉球人としてのナショナリズムが生まれましたが、アイヌのように各部族のエカシが集まって寄り合い会議をやっているだけでは民族的なアイデンティティは生まれにくく、それを一度破壊する強権的な絶対君主制に類似したものがなければならないのです。日本民族が生まれるためには天皇制が必要だったということと同じです。

しかし、沖縄は天皇制が比較的ゆるかったから、このシステムがうまく作動しませんでした。日本本土も、もし天皇制を中心にして近代化を行わなければ、藩ごとで国家体制をつくって、会津国とか薩摩国というふうにバラバラな連邦国家に発展していった可能性もあったのです。

エカシ◉アイヌ語で長老の意味。部族の精神的指導者で、部族の構成員から非常に尊敬されている人物である。

CHAPTER-1
6

なぜ民主主義からファシズムが生まれるのか？

ファシズムは貧しさからは成立しない

民主主義がナショナリズム、ファシズムに至る状況というのは、国民が激しく窮乏している状況では起こりません。国民が極端に窮乏していると、政治に関与している余裕がなくなってしまうからです。どのように食べていくかということ以外、考えられなくなってしまう。

歴史的に見れば、窮乏が底を打って、国民の生活状況が少し上向きになったときにさまざまなクーデターや革命運動が起きています。

日本の二・二六事件にしても、あの事件が起きたときは、じつは農村の窮乏は底打ちしていました。農林水産省の提供している一八八三年から二〇一二年までの米の収穫統計を見ると、当時低迷していた収穫量が、二・二六事件の年は前年よりも回復していることが確認できます。

つまりは、この事件は経済的に少し余裕が出たところで起きたものなのです。

最悪の困窮状態にあるときというのは、とにかく生きていくということで精一杯で、変革運動は起きません。起こそうと思っても、エネルギーがないゆえに不可能なのです。窮乏からは革命は起きません。窮乏からは、社会の崩壊が起き、爆発が起きるとしても、そこから世の中

二・二六事件◉1936年2月26日、陸軍皇道派青年将校が起こしたクーデター。軍部による国家改造を企て、首相官邸などを襲撃し、蔵相・高橋是清などの要人を殺害した。クーデターは4日で鎮圧され、指導者の大半は処刑された。

を変革しようという状況にはならないのです。

平和のスローガンと共産主義

共産主義革命と窮乏問題を結びつけて語る研究者やジャーナリストがいますが、共産主義革命は、窮乏とは直接的に関係ありません。共産主義者が第一次世界大戦後に、あるいは、第二次世界大戦後に勝利したのは、共産主義者が「平和」というスローガンを高々と掲げたからです。たとえばロシア革命時、ボルシェヴィキ以外の勢力は、ドイツとの戦争を継続しようとしたのに対して、ボルシェヴィキだけはとにかくこの戦争を止めるという平和主義を掲げたがゆえに、大衆から支持されたのです。

フランスの作家アルベール・カミュは『シーシュポスの神話』の中で、「重要なのは病から癒えることではなく、病みつつ生きることだ」と語っていますが、この言葉は戦争に勝利することよりも、たとえそれが敗戦であったとしても生き残ることが重要だという民衆の意識を的確に言い表しています。

このように見ていけば、革命で勝利したのは、資本主義が発展して、資本主義の矛盾が大衆の目の前にはっきりと現れたためではなく、現実に起きた社会主義革命はいずれも「平和」を唱えたからこそ成就したという側面がクローズアップされます。

イギリスの歴史学者クリストファー・ヒルは、『レーニンとロシヤ革命』において、

ボルシェヴィキ◉ソ連共産党の前身。多数派の意味。ロシア社会民主労働党が1903年の第2回大会で組織問題によって分裂した際のレーニン派を指す。当時は少数派だったが、やがて多数派となった。

『平和とパンと土地』および『すべての権力をソヴェトへ』というレーニンの簡素なよびかけは、はじめは党内の一部のものの反対をうけ、レーニンは政敵から『ドイツのスパイ』とののしられた。だが、ボリシェヴィキが自分の主張の要点を『辛抱づよく説明』するにつれて、それが大衆の気もちに合致していることがますます明白になった。(『レーニンとロシヤ革命』)

と書いています。

みなが飢えずに生活できることと、殺し合いを止めるという平和のスローガンは、大衆にとって諸手を挙げて賛成できる政策であり、このスローガンを唱えたがゆえに、レーニンはロシア革命を成功させることができたのです。

ナチス・ドイツのファシズムとは?

ナチス・ドイツが、ワイマール共和国体制下の民主的な選挙で合法的に政権を奪取した事例に関しては、すでに指摘しました。ナポレオン三世が起こしたブリュメール十八日のクーデターの状況と同じです。

民主主義において、選挙によって代表を送り出す人たちと、送り出された代表の間の利益は、直接的には合致していない場合が多々あります。最初、多くの有権者がナチス党に求めたのは、雇用や安定した収入といったものであり、第二次世界大戦ではありませんでした。

しかし、ヒトラーはこの政権奪取によって権力を握り、結局は独裁者となって、きわめて帝国主義なファシズム国家、侵略国家を建設することとなったのです。

ナチス・ドイツには、同じファシズムのムッソリーニ政権と違って、外部からの収奪という発想がそもそも先にありました。それはイギリスのような狡猾で洗練された方法ではなく、露骨な暴力の行使によって特定集団から収奪し、それをドイツ国民に分配するというものでした。戦争によってスラブ民族の土地を占領し、そこから食料を収奪するという発想がその典型です。さらに国内においては、ユダヤ人の排斥と財産没収という、これまた収奪の論理がありました。

ヒトラーはこの点について、『わが闘争』において、ロシアに対しては「(…)われわれが今日ヨーロッパで新しい領土について語る場合、第一にただロシアとそれに従属する周辺国家が思いつかれるに過ぎない」と述べ、ユダヤ人に対しては「寄生虫」と見なし、「(…)かれらの自己繁殖は、すべての寄生虫に典型的な現象であり、かれらはつねに自己の人種のために新しい母体を探している」と語っています。ヒトラーのロシアの国土に対する領土的野心と、ユダヤ人に対する排除意識が強く現れた言葉です。

ヒトラーが第二次世界大戦前からこうした暴力性を隠さずに表明していた点は注記すべき事柄です。

CHAPTER-1
7

民主主義における官僚制の問題点

議会制民主主義と官僚制

議会制民主主義のもとに政治を直接行っているのは、国民が選挙によって選んだ政治家であると私たちは考えがちですが、民主主義の行政システムを支えているのは、政治家を補佐し、具体的な行政活動を担っている官僚たちです。なぜなら、民主主義においては複雑な手続きを踏んだ上でないと、さまざまな行政上の課題が解決できず、そうした事務手続きを効率的に行うためには官僚の仕事が必要になるからです。

つまり、政治家と官僚との協力関係がしっかりと構築されていないと、政治はうまくいかないということなのです。

みなさんもよくご存じのように、議会制民主主義には直接民主制と間接民主制があります。間接民主制では自分たちの代表を投票によって選び、それによって選ばれた特定の人間に政治を委託するというしくみですので、国民一般を形成する大衆が基本的に政治に関心を持たなくても、政治運営が十分に作動していくというシステムになっています。むしろ、大衆が政治に関心を持つということは、その国の政治が正常に機能していない証拠とされます。

オルテガによれば、大衆は自分の欲望のみを追求するだけではなく、大衆は自分こそが国家を代表しているゆえに自分の都合のよいように国制を捻じ曲げようとさえする存在です。オルテガは『大衆の反逆』の中で、「(…)大衆は、実際に自分が国家であると信じているのであり、勝手な口実をつくっては国家を動かし、国家を用いて、国家の邪魔になる——政治、思想、産業などいかなる分野でも国家の邪魔になる——創造的な少数者を押しつぶそうとする傾向をますます強めてゆくであろう」と語っています。

このオルテガの言葉は、国家運営がうまくいくためには、一般国民である大衆が細かく政治に口を挟まないほうがよいということを端的に示しています。

国家運営のための政治は大衆一人ひとりが自由気ままに政治参加するよりも、大臣から高級官僚へ、高級官僚から中級官僚へ、中級官僚から下級官僚へというように指示系統が一本化され、ヒエラルキー化されているほうがうまくいく場合が多々あります。

このことをオルテガはよく理解していました。

官僚の役割とは？

さて、ここでは官僚の役割やその習性などを分析していきたいと思います。

まず官僚を語る上で重要なのは「合成の誤謬《ごびゅう》」ということです。この言葉はもともと経済学

ヒエラルキー：階層制や階級制のこと。ピラミッド型の支配体制を指す場合が多い。

の用語でした。たとえば、貯蓄をするということは一般的によいこととされていますが、国民みんなが貯蓄をしだすと、消費が減って景気が悪くなるということが起こり得ます。このように多くの人がよかれと思って一斉に同じことをすると、結果的に不利益を被るようになることを指します。

「合成の誤謬《ごびゅう》」による歴史的な経済危機の出来事としては、一九二九年に起きた世界恐慌後に各国が行ったブロック経済政策が挙げられます。

大恐慌から自国の経済を守るために通貨切り下げを行って、自国の植民地や同盟国以外の国々に対して高い関税政策を実施するブロック経済が推し進められました。その結果、自由貿易が疎外され、非効率的な経済活動が行われるようになり、フランスやアメリカでは不景気な状況が長引いてしまいました。

官僚制においても、この「合成の誤謬」に似た状況は生じます。一人ひとりの官僚がそれぞれに自らの意見を持ち、目標に向かって別々に突き進んでいくこと自体、悪いことではありません。しかし、それはともすれば大事な政策判断やその実施における合意形成を遅らせてしまいかねず、ひいては国家の運営を阻害する一因にもなり得ます。

かといって、すべての官僚が同じ方向を向いて、同じ判断、実行をすればよいというわけでもありません。もしその全体的な合意に間違いがあったとしても、それを止めることは非常に難しいからです。ましてや官僚組織は通常の会社組織に比べ、上司の意見に抗うことはできにくく、途中でそれを覆すのは至難の業でしょう。

ひと昔前に「忖度《そんたく》」という言葉が流行し、今ではよく使われる言葉になりました。そのきっかけは安倍元首相やその家族が関わっていた大阪府の国有地をめぐる「森友学園問題」にあったことは有名です。安倍元首相やその関係者が直接指示していなかったとしても、その意を汲んだ一部の官僚の主導のもと、異様な安価での国有地売却が国策として実行されたという事実こそが、官僚制の問題点を露呈した出来事といえなくもありません。

いわば、皆が同じ方向で考えるように仕向けられてしまうということです。法的に問題のあることでもむりやり押し通そうとしたために、それに反発した官僚の一人が自殺をしてしまい、この問題に関係する裁判も行われる事態にまでなりました。

官僚が持つこうした傾向を、アメリカの社会心理学者アーヴィング・ジャニスは集団浅慮《せんりょ》と呼んでいます。集団浅慮は民主主義を歪める大きな原因となります。ジャニスは『集団浅慮――政策決定と大失敗の心理学的研究』の中で、キューバ危機やベトナム戦争時にアメリカの官僚組織において集団浅慮が大きな障害となったことを示しています。

しかしながら、官僚一人ひとりが自分の望む方向に行政を進めようとすれば、行政システムはバラバラになり、崩壊してしまいます。そのため、官僚全体の向かうべき方向性が統一されたほうがよいのですが、それが極端な形で現れた場合、官僚組織は機能不全に陥り、独裁者のような指導者が考えたものよりもはるかに問題の多い政策を打ち出してしまうこともあり得るのです。

多数による合意形成、政策立案であるがゆえに、かえって失敗を招くこともあるということ。これはどんな組織にも起こり得るといえますが、官僚制がその例外ではないという事実を、私たちは肝に銘じておくべきなのです。

縦割り行政は何が問題なのか？

官僚制においては各省庁で利害が一致しないことが多々あります。

たとえば、環境省と経済産業省では目標が異なります。環境省はＳＤＧｓを実現するために、経済的に不利益を被るものであっても自然保護やＣＯ２排出規制を行うための政策を打ち出すことがあります。しかし、経済産業省の目的は日本の経済活動を活発化させることにあるので、環境問題を考慮せずに経済が発展する方向のみを目指すという傾向が強く現れがちです。このように両者の目指す方向が大きく異なるため、利害がぶつかり、省庁間の対立が起きてしまうことがある。こうした対立は政策のスムーズな実施の大きな妨げになってしまいます。

このような問題点を解決するために、省庁の再編が何度も行われましたが、それが成功したかどうかは疑問のあるところです。

省庁の再編においては、政治家同士の利害関係や官僚同士の敵対関係が反映して、国民のための政治ではなく、自分たちファーストの改革案が提出され、それが実現されることがしばしば起きるからです。さらには、組織の名前が変わっただけで、実質は旧体制のままで変わらないというケースもしばしば見られます。

省庁間の軋轢《あつれき》を解決するのが政治家の本来の役割のはずですが、今の日本でそれがうまく機能してるかどうかは怪しいと言えます。なぜなら、大臣職にある政治家は、その能力や専門分野があるからその役職についているわけではないからです。

現在の国制のポストは、派閥間の力関係や議員当選回数などによって決定されることが多く、そのため、まったく自分の行うべき職務がわからずに官僚に頼るだけの大臣が多数存在しています。

また、政治学者の信田智人は『政治主導vs.官僚支配——自民政権、民主政権、政官20年闘争の内幕』において、民主党政権下で官僚のサポートなしで立案された政策が失敗した原因をくわしく考察しています。

そこでは、過剰なまでの官僚政治排除によって、現実を無視した政策を行うことになった例がいくつも挙げられています。これは官僚を排除しては民主主義政治がうまく回らないことを示しています。民主党政権とは別な形で、官邸中心の政治主導を行った安倍政権下では、先ほども述べたように、官僚が政治家の力を恐れ、政治家に忖度《そんたく》することで、国民主権の原則よりも、権力を持つ特定の政治家の利益のためだけに働くようになりました。

こうした民主主義体制を危機に導く政治家と官僚との関係性は、両者のパワーバランスが崩れたときに生じるものです。民主主義システムを正常な状態で維持させていくためには両者の力関係が均等状態にあるほうがよいのです。

ウェーバーの官僚制分析

マックス・ウェーバーは『支配について』の中で、組織としての支配の典型例の一つとして官僚制を挙げています。そして、その権限の原理については次の三つのものがあると述べています。

1．官僚制的に支配された構成体の目的の実現には、ルールに則した活動が必要である。こうしたルールに則した活動が官職の義務として明確に配分される。

2．これらの義務を履行するのに必要な命令権力も、同じように明確に配分され、命令権力に付与される（物理的あるいは宗教的などの）強制手段についても、ルールによって明確に制限される。

3．このように配分された義務が規則的・継続的に履行され、対応する権利が行使される。一般的なルールによって定められた有資格者の任用によって、このための準備が計画的に行われる。（『支配について』）

こうした権限の原理があるゆえに、官僚組織は行政組織として十分に機能していくのです。

では、こうした官僚がグローバル化の進行する現代において、民主主義を支えるためにどうあるべきか。また、日本の場合、特に官邸主導で行われる政治において、そこに民意を反映することは可能であるかどうかという点についても考える必要があると思います。

政治家と官僚は、民主主義政治という馬車を支える二頭の馬です。馬車をすばやく、安定して動かすためには、片方の馬だけが強力で、他方の馬の脚力や体力がなければ、馬車がスピーディーかつスムーズに動くことはできません。両方の馬の力が均衡を保って、両方の馬の息がぴったりと合ったときに、その馬車は安定して速く走ることができます。

そして、この政治家、官僚が二頭立てになった馬車＝政治体制、がうまくバランスをとって、馬車の乗客＝国民をしっかりと運んでいけるかどうかが、すなわちその国家の命運を左右するといっても過言ではありません。

CHAPTER-1
8

「民主主義は何でもあり」で本当によいのか？

民主主義における表現の自由の意味

民主主義の二大原理である自由と平等のうち、自由についてはさまざまなことが権利として認められていますが、「言論の自由」は民主主義における自由の根幹をなす事項です。

言論の自由を最初に主張したのは、『失楽園』を書いたことで有名なイギリスの詩人ミルトンです。一六四四年の彼の政治論文『アレオパジティカ』の中で、この権利が初めて示されました。ミルトンは、「(…)検閲の悪だくみは無益であり、実施は不可能であります。ユーモア好きの人ならこの企てを、鳥を閉じ込めるのには庭の門を閉めればよいと考えた『利口者』の手柄にたとえずにはいられない、と断言せざるを得ません」と述べ、検閲されず、自由に著作を出版する必要性を説き、表現の自由の重要性を強く主張しました。

日本においても、憲法二十一条に「集会、結社及び言論、出版その他一切の表現の自由は、これを保障する」という規定があり、表現の自由が法的に認められています。この規定は民主主義国家の基盤の一つである表現の自由を明確に提示しており、日本が民主主義国家であることがはっきりと理解できる条文です。
また、一九七六年に制定された世界人権宣言の第十九条でも、「すべて人は、意見及び表現の自由に対する権利を有する。この権利は、干渉を受けることなく自己の意見をもつ自由並びにあらゆる手段により、また、国境を越えると否とにかかわりなく、情報及び思想を求め、受け、及び伝える自由を含む」という規定があり、表現の自由の必要性が強調されています。

ある国家の中で自由に発言ができなければ、さまざまな問題が生じます。出版の自由がなければ、国民が正しい情報を得ることができず、政府によって示された情報だけをもとに政治的、経済的、社会的、文化的な判断をせざるを得なくなります。また、国民一人ひとりの自由な発言が禁じられていれば、政府に対する批判の声が封じられ、政権の問題点が改善する方向に向かうツールを失ってしまいます。さらに、ジャーナリストに対する不当な逮捕、監禁といった行為によって表現の自由を政府が弾圧すれば、人権問題ともなり得ます。表現の自由は、民主主義体制を維持していくための根本となるきわめて大きな権利なのです。

発言の自由を許さないリーダーは不要である

では、民主主義体制は、民主主義自身を否定するような発言をする自由も容認すべきでしょうか？　それは、当然保障するべきであると私は考えます。なぜなら、民主主義が自由を尊重する体制である以上、民主主義自身を否定する発言だけを禁じるということは、その原則にまったく則《のっと》っていない行為となるからです。

ただし、民主主義を否定する自由を主張する人が権力を握ることは、全力を挙げて阻止しなければなりません。ここで非対称性が重要になってきます。なぜなら、民主主義を否定する人の自由を保障しても、民主主義者が権力を握っているのであれば、民主主義を否定する人たちがその権利を主張しても、不当逮捕や監禁といった事態には陥らないからです。

それに対して、民主主義的な多元主義をいっさい否定する人たちが権力を握ったとしたならば、民主主義者は存在できなくなってしまいます。

国境なき記者団を設立したロベール・メナールは『闘うジャーナリストたち』の日本語版刊行の際の序文において、二〇〇一年の世界の状況として、「ジャーナリストに対する脅迫、襲撃、逮捕、投獄、拷問、殺害などといった例がうんざりするほど報告されている。つまり、国連に加盟する一九一の国のおよそ半分は相変わらず言論の自由というものをまるで尊重していないのだ」と述べ、さらに、「かつてないほど多くのジャーナリストたちが訴えられたり、追い回されたりしている。かつてないほど多くのメディアが検閲という目に遭っている。またたとえ、表現の自由の原則がもっともらしく謳われていたところで、それを本当に尊重している国々の数は極めて少ないのが現状なのだ」と訴えています。

民主主義を否定する人間が権力についた場合の状況を正確に伝えているメナールのこの言葉は、私が今述べた非対称性の重要性を的確に表しています。

多元主義◉さまざまな人やものが存在し、共存することを認める考え方。民主主義の根本原理の一つ。

民主主義を否定する人間が権力者になった場合、自由な発言は抑圧され、ジャーナリストは監獄に送られるか、国外に追放され、ひどいときには命を奪われる。そうした国の国民は目と耳を奪われた者と同様に、今自国で何が起きているのかを、政府が国民に隠蔽《いんぺい》している事柄をまったく知ることができず、ただ政府の公式見解を知らされるだけになってしまう。

それは、表現の自由を奪われた民主主義の死を意味し、こうした事態を避けなければ、民主主義体制は破壊されるだけのものとなってしまいます。

「何でもあり」は民主主義ではない

日本の法律にもこの非対称性への危機感は、じつはしっかりと埋め込まれています。それが「破壊活動防止法」です。破壊活動防止法があるからこそ、民主的な手続きであれば暴力的な手段で日本の体制を変えようとする政党を設立することは構わないし、そこに加入しても構わないことが保障されるのです。しかし、その政党や組織の構成員が、実際に放火や殺人に従事した場合には特別法によって処断されるというルールになっています。

破壊活動防止法の第一条は、「この法律は、団体の活動として暴力主義的破壊活動を行った団体に対する必要な規制措置を定めるとともに、暴力主義的破壊活動に関する刑罰規定を補整し、もつて、公共の安全の確保に寄与することを目的とする」となっており、さらに第二条では、「この法律は、国民の基本的人権に重大な関係を有するものであるから、公共の安全の確

国境なき記者団◉1985年パリで創設された、言論・報道の自由の擁護を目的とした非政府組織。世界報道自由度ランキングを発表しているが、日本はG7のなかで最下位となっている。

保のために必要な最小限度においてのみ適用すべきであつて、いやしくもこれを拡張して解釈するようなことがあつてはならない」となっています。

何でも認めて、何でもありになってしまえば、民主主義の根本自体が、憲法制定権力の存立基盤自体が脅かされてしまいます。何らかの足かせがないと、どんどん変な方向に、反民主主義的な方向に行ってしまいかねません。それには歯止めをかけていかなければならないので、この法律が制定されたと考えられます。その適用が必要最小限に限られているという点も重要です。この法律の適応範囲が広がってしまえば、国家権力が強大な力を国民におよぼし、民主主義体制の存立そのものが危機に直面するからです。

とはいえ、民主主義体制を転覆しようとする組織に対して法的に何もできないのであれば、民主主義体制を守ることが不可能になってしまう。破壊活動防止法はそのバランスを非常によくとった法律であり、日本の民主主義が本物なのは、この法律があるためです。

しかし、この点を多くの国民が正しく理解していないと私は思います。

破壊活動防止法◉暴力主義的破壊活動を行った団体に対する規制措置、およびそのような活動に対する刑事規定を強化する目的で1952年に制定された法律。

第2章

経済は民主主義を救えるか？

新自由主義の台頭により民主主義は
新たな局面を迎えている。新自由主義に基づく
経済の自由化は、世界中の国々で
格差や貧困の原因にもなっている。
本章では民主主義と経済の関係を解き明かしていく。

CHAPTER-2
1

古典的自由主義と新自由主義は何が違う？

経済活動の主体は「個人」から「資本」へ

古典的自由主義は、アダム・スミスに代表される経済思想です。アダム・スミスは、ド・ラ・リヴィエールやテュルゴーといった十八世紀のフランスの重農主義者が唱えた自由放任主義、「レッセフェール」の思想を発展させ、国民は何者にも支配されない、自由な経済活動を行うべきであると主張しました。古典的自由主義は自由な経済活動を容認しましたが、その経済活動の主体は個人や小さな企業です。

彼は著書『国富論』の中で、「(…) 生産物が最大の価値をもつように産業を運営するのは、自分自身の利得のためなのである。だが、こうすることによって、かれは、他の多くの場合と同じく、この場合にも、見えざる手に導かれて、自分では意図してもいなかった一目的を促進することになる」と述べています。

一方、新自由主義は、資本の移動を自由化するグローバル資本主義です。古典的自由主義とのいちばんの違いは、経済活動の主体が独占企業（資本）である点です。

レッセフェール◉自由放任主義。経済的自由主義。原義は「なすに任せよ」。生産物の流通を重視した18世紀のフランスの重農主義者が最初に用いた。政府が介入せず、自由競争に任せておけば最大の繁栄がもたらされるというもので、古典経済学者アダム・スミスに影響を与えた。

経済学者の吉田勝弘は『新自由主義の総括と格差社会』において、『「小さな政府」と「市場原理」を重視する政策を新自由主義（Neoliberalism：ネオリベラリズム）と呼ぶ。理論的には、ハイエクの思想とフリードマンの経済学を背景としている』と書いています。

独占企業にも、スティーブ・ジョブズやジェフ・ベゾスやイーロン・マスクといった企業の中心となる経営者が存在します。彼らは一個の主体であるというよりも、彼らの固有名詞こそが巨大資本となっており、そこにあるのは、いわば〝資本の人格化〟です。

近代以降の資本主義は、共同体と共同体の間の商品の交換から生まれました。ただしそこには、共同体を壊す力も存在しています。お金（貨幣）には計り知れないほど恐ろしい力があります。そのため歴史を振り返ると、強大化した資本の動きを抑えるという政策が政府によって何度も行われてきました。

「わらしべ長者」「貧乏神と福の神」が示唆するもの

商人資本の強さを表した物語に、「わらしべ長者」があります。貧乏で困っている男が観音様に願をかけるところから話ははじまります。

男が願をかけたあとに寺の観音堂で寝ていると、夢で「最初につかんだものを離すな」というお告げを聞きました。男は寺を出ると、石に躓《つまず》いて転び、一本の藁《わら》をつかみます。

その藁《わら》にアブをつけて持っていたら、それを子どもがほしがり、その子どもの母親に懇願されてみかんと替えることになりました。みかんと替えたら、喉が乾いている人が来て、みかん

新自由主義◉ネオリベラリズム。1970年代ごろからハイエクやフリードマンといった経済学者が主張するようになった。緊縮財政、福祉・公共サービスの縮小、公営事業の民営化、規制緩和による競争促進、グローバル化を目指す経済政策、労働者保護の廃止などの政策を展開するもの。

が反物と替わり、さらにその反物が馬と替わるのです。馬に乗っていたら、近く家を整備するという人のところを通って、馬が家と替わり、家庭を持つことができたという話です。

この物語は次のことを意味しています。最初に何もないところから手に藁《わら》をつかんだことでヴァーレ（資本：Ware）となる商品が手に入りました。その商品が別の商品に交換され、さらに別の商品に交換されていきました。貨幣の媒介はまったくありませんが、交換の原理に従ってより巨大な物を手に入れるという動きが表されています。ヴァーレ＝WがW'になり、W'がW''になり、W''がW'''になるという動きです。これはまさに商人資本の動きといえます。

一方、農民の存在様態を示す物語は、これとは異なります。その典型といえるのが「貧乏神と福の神」の物語です。

ある農民が非常に貧乏で困っていましたが、ようやく結婚できることになりました。結婚しても貧乏のままでしたが、一生懸命に働きました。働いても働いてもなかなか豊かになりませんが、それでもただひたすら働き、ようやく何年目かの年の終わりに、餅をつけるくらいの余裕が出てきました。そのとき、押入れの奥からシクシクと泣く爺さんの声が聞こえてきます。開けてみたら小柄な薄汚い爺さんがいて、「お前は誰だ」と聞くと、貧乏神だという。それで「なるほど、いくら働いても、どうしても金持ちになれなかったのは貧乏神が住んでいたからだったんだ」とわかったのです。

商人資本◉商業取引による価値の差異によって剰余価値を産み出す資本形態のこと。

貧乏神は、「もうあんたの家はだいぶ豊かになったので、大晦日にここに住む神は、貧乏神から福の神に入れ替えになり、今晩が最後だ」と悲し気に言いました。夫婦はかわいそうになって、貧乏神に餅を分けてやりました。除夜の鐘が鳴って福の神がやって来たのですが、福の神はたいへん態度が悪く、貧乏神を邪険にして、足蹴にしたりしました。それを見た夫婦は怒って福の神を追い出し、貧乏神に留まってもらうことにしました。その後、夫婦は貧乏のままでしたが、年の瀬には餅をつけるくらいの生活は続いた、という話です。

要するに、上昇志向を持って金持ちになると人間性が悪くなるから、単純再生産で、今のことを続けていくのがいいという話なのです。これは農業というものをベースにした経済論理を示しています。

前期資本主義とは何だったのか？

人類史に前期資本主義が誕生したのは、たぶん地球が偶然寒くなったことが原因です。寒くなったので毛織物が登場します。羊の毛がセーターになるということがわかり、セーターで多くの金銭を得られることも知られるようになった。そこで大地主は農民を追い出して土地を奪い、羊を飼うようになるわけです。これがエンクロージャー（囲い込み）です。毛織物はかなり儲かりますから、「じゃあ農地を資本主義的に経営しよう」という話になり、土地から追い出され、都市に流入した農民は、羊の毛を紡いで糸をつくる仕事に従事するようになります。こうした状況の中で産業革命が起き、工業と結びついたのです。

歴史的な展開から考えると、当初は富とは王室にある財力が増えればいいという考えが主流でした。重金主義に基づいて、「とにかく金銭が量的に増加すればいい」ということで、貿易において輸出は奨励され、輸入は減らすという方法がとられました。

ところがアダム・スミスの時代にはすでに複式簿記があったので、簿記の貸方と借方の結果から見て、輸入による損失が多少あったとしても、全体として利益が増えていればいいということに気づきます。それならば、輸入禁止や輸出加速のために補助金をつけるのは止めたほうがいい。自由にやったほうが利潤は拡大するので、規制を緩くしていくわけです。

これが自由主義的資本主義の基本原理です。このように見ていくと、自由主義的資本主義の前には、国家が過剰介入する政策があったことがわかります。

自由主義は、国家が何もしないという方向に向かいましたが、十九世紀後半になると資本主義の形に変化が見られるようになります。おもに鉄道の建設によるものです。鉄道の建設には巨大な資本が必要になり、金融資本が重要になる。

そして大量のお金を集めなければならなくなり、経済の中心が銀行になります。さらに国内の商品全部が売れて、もうみんなこれ以上買ってくれないという状況になると、今度は販路を国外に探すという形で、国の後押しもあり、帝国主義的に海外進出していく必要が生じてくる。それにともなって、経済活動における国家機能が強化されていったのです。

重金主義◉金銀を富と考える重商主義の一形態。16世紀のスペインが行った経済政策がその典型で、他国から金を奪って経済を繁栄させようとした。

19世紀、アメリカでは大陸横断鉄道の建設が開始され、総計1776マイルの鉄道がつくられた。
Photo by Andrew J. Russell / Wikipedia

帝国主義と後期資本主義

この段階に至って国家が前面に現れ、帝国主義が世界で支配的になっていきます。しかし帝国主義は植民地での反発に加え、本国では格差が広がるという問題点を抱えていました。政府は共産主義革命が起きると困るので、経済活動に介入することによって雇用を確保し、再分配しようとします。これが国家独占資本主義、あるいは後期資本主義、あるいは福祉国家の姿です。

ところが、ソ連が崩壊し、共産主義化の懸念がなくなって、ふたたび国家による規制を最小限にして個別資本の売上をどんどん増やすほうがいいという考えが主流になっていきました。この動きのなかで、社会学者の橋本健二がいうような「アンダークラス」が生

アンダークラス　下層階級。新自由主義の社会における、賃金が低く、雇用が不安定な人々のこと。もともとはアメリカの、都市の最下層を構成する貧困層を指した言葉。

まれ、それと同時に戦争も起きて、経済安全保障のようなグローバリゼーションが必ずしも国益に合致しないということが判明していきます。そうなるとふたたび国家が乗り出してくることになる。

経済政策における国家の介入度合いには濃淡があります。また、介入に関しては、どの文脈で、どこを目指していくかということが重要になってきます。

繰り返しになりますが、新自由主義の主体はあくまで独占資本です。こうした様相を的確に捉えるためには、主流経済学的な見方よりも、マルクス経済学で見るほうがわかりやすいでしょう。マルクス経済学の視点で見ていくと、フリードマンやハイエクらの主張する新自由主義の思想は、古典的自由主義とは主体が違うことがはっきりします。

新自由主義では、創意工夫に富んだ個人であっても、短期間のうちに巨大な資本の蓄積に成功した人が主体となるので、独占資本が必ず存在することになる。ここが古典的自由主義との根本的な違いです。

ですから、テレビやSNSなどで「セレブ」という名称でいたずらに独占資本家を賞賛したり、何十億円も寄付したことを話題にするのは、資本主義システムを支えるマス・メディアに完全にコントロールされた言説だと私は思います。そうではなく、「それほどまでによく搾取しましたね」という見方をする必要があるのです。

そうしなければ、資本主義の罠の巧緻に取り込まれてしまうだけになってしまい、私たちは垂れ流される情報をただ受け取り、それを盲信するだけの存在になってしまいます。このことを忘れて彼ら独占資本家たちを賞賛するのは、マインドコントロールにかかっていることと何の変わりもないことなのです。

現在の独占資本家たちは富の分配を行おうとは決してしません。マルクスの『資本論』においても指摘されるように、分配は資本家間、もしくは資本家と地主との間での分配であって、プロレタリアートはまったく関係しません。

プロレタリアートは、あくまでも搾取の対象であって、富を分配するための対象者ではないからです。そこにいくら格差が生まれても、資本家はそれを補おうなどとはまったく考えません。それを当然のこととして、資本主義経済活動の大前提であるとみなし、可能な限り搾取し続けていくのです。このような格差の無限拡大こそが、新自由主義の根本にある大きな問題であると私は思います。

CHAPTER-2
2

新自由主義が生み出す「格差」の罠

新自由主義が格差をつくる

新自由主義の基本は、すべて市場原理に従うという考え方です。市場原理に従うことで所得格差は広がり、富める者はさらに富み、貧しい者はさらに貧しくなっていく。新自由主義がもたらしたアメリカの様相を、言語学者チョムスキーは次のように語っています。

大多数の国民が、新自由主義の原理に従って、「市場にすべてを任せろ」「自由競争の原理に従え」と言われているのです。こうして、アメリカ国民はお互いに競争させられるなかで、さまざまな権利を奪われ、社会保障を削られ、あるいは破壊され、もともと限界のあった医療制度さえ削られ、あるいは縮小させられているのです。これらはすべて市場原理主義の結果です。

しかし、富裕層にとっては、このような原理「市場にすべてを任せろ」は適用されていません。富裕層にとって国家は、いつでも何かことが起きたときには駆けつけて救済してくれる強力な存在ですから。（『アメリカンドリームの終わり――あるいは富と権力を集中させる10の原理』)

新自由主義は「すべてを市場原理に従わせろ」と言って、このルールに貧しい人々を絶対的に従わせる一方で、富裕層については優遇します。こうした不平等が厳然として存在している以上、格差が広がっていくのは当然です。大企業や大銀行が倒産し、バブルが崩壊したときに、どれだけ多くの公的資金が大企業や大銀行に導入されたかを思い出すだけで、チョムスキーの言説が正しいことは明確に理解できます。

新自由主義の社会では、いくらでも格差が広がっていきます。それはまぎれもない事実として認識できるはずです。資本の大きさに比例して、幾何級数的にワニの口のように格差が広がっていくのです。そのいちばんの影響が現れるのが、大都市とその周辺部です。都市にはさまざまな階層の人間がいて、自国民だけでなく外国人や移民も多数住んでおり、そこでは経済的な格差がはっきりと見える形で展開しています。

日本の首都・東京の二極化

日本において、都市の中の格差がもっとも大きく現れている場所が東京です。私が見る限り、東京は二極化した都市になろうとしています。

たとえば赤坂だったら、溜池山王の駅で降りると、すぐ近くにコーヒーチェーン店があって、三〇〇円代でコーヒーが飲めます。ちょっと裏に行ったら牛丼屋さんもあって、ワンコインで昼食を食べられる。しかし同じ赤坂でも、某有名ホテルで夕飯にラーメン一杯食べたら五〇〇〇円にもなります。夜の中華コースで一番安いものでも、税込みで一万八〇〇〇円です。同じ街でこれだけ飲食料金が違っているというのは、それだけ二極化が進んでいる証拠です。

住宅の話でいえば、私が住んでいる四谷界隈では、風呂つきの二五平方メートルくらいのそこその木造アパートが、六〜七万円台で借りられます。もっと広い五八平方メートルなら、二十二万円くらいの値段になり、３ＬＤＫで八五平方メートルくらいになると、三十五万円くらいになります。一〇〇平方メートルを超える賃貸物件は四谷近辺にはあまりないので、購入するしかありません。購入すると二億五〇〇〇万円くらいはかかります。

四谷は環境もいいので、夢を持っている若者たちは、六万円台でワンルームを借り、低賃金の労働に甘んじて働いていても、なんとか何年かがんばってみようかということになるわけです。そういう住宅が点在していて、ファミリータイプの住宅も存在しているから、たぶん四谷はスラム化しないのでは、と私は思います。

移民とどう向き合っていくか？

赤坂や四谷の例でわかるように、東京の都心がスラム化する可能性は少ないのですが、東京周辺の都市はスラム化する可能性が高いと思います。

東京の隣接県のいくつかの都市では、スラム化と密接に関係のある「移民」の問題が存在し

スラム化◉都市の特定区域に貧しい人々が集まることで、治安が不安定になりその区域が荒廃化すること。空き家への不法侵入、犯罪の発生、環境の悪化などが進む。

ています。そういうところには、さまざまな外国人が住むようになってきています。中国人、韓国人は以前からの住民も多いですが、たとえばクルド人が特定の場所（おもに埼玉県の川口市など）に住んで、独特なコミュニティをつくっています。またウクライナから来た難民も、特別なコミュニティをつくっています。

こうしたコミュニティには正規の移民だけでなく、非正規の移民も多数存在しているのが現実です。外国人問題、より正確にいえば移民問題は、これから日本でもどんどん表面化していくに違いありません。

移民についてオランダのマーストリヒト大学教授のカリド・コーザーは『移民をどう考えるか』の中で、「増えつつある非正規移民を、政治家と一般国民が、時に国家主権と公共の安全に対する脅威だとみなすことがある。多くの移民先の社会では、移民コミュニティの存在、その中でもとくに過激主義と暴力に関連のある地域出身で、なじみの薄い文化を持つ移民コミュニティに対する恐怖心が高まっている」という問題点を指摘しています。

日本において、たとえば、イスラム過激派が拠点を築いたというニュースを私はまだ耳にしたことはありませんが、移民のコミュニティが反社会的集団と化して、違法ドラッグの販売や売春の斡旋などで不当な利益を上げているケースも少なくない現実が存在しています。

また、日本の移民の人数は毎年増加しています。ジャーナリストの望月優大が『ふたつの日本――「移民国家」の建前と現実』で書いていますが、日本は二〇一五年の統計で、世界第七

コミュニティ◉地域社会。地域共同体。同じ居住地域に住み、共通の利害を持つ共同社会。都市や市町村などで、生活や風俗、慣習などで深い結びつきを見せる集団のこと。

位の移民受け入れ国で、すでに約二六〇万人の外国人が住む国となっています。この人数はさらに増えていく可能性が高いでしょう。

しかしながら、望月も指摘していますが、移民をどう受け入れていくかというはっきりとした政策を日本政府は打ち出しておらず、違法滞在の外国人への対応でもしばしば批判されています。二〇二一年に起きたスリランカ国籍のウイシュマさん死亡事件でも、入管施設の非人道的な対応が大きな問題となりました。日本政府は外国人や移民の権利や義務を認めて、その権利や義務の内容を明らかにしなければならないと思います。

自由主義経済の原理がある以上、外国人も移民も経済の原理で入ってきます。それを阻止することはできません。

ところで、日本とイスラム系の国との関係という点において、これから重要となるのはマレーシアとインドネシアになる可能性が高いと私は思います。

エマニュエル・トッドが『帝国以後』で指摘していることですが、高等教育を女性が受けるようになると出生率が減るという傾向があります。その最たる例は、中国やミャンマーです。逆に、今でも出生率が二・一以上あるのが、マレーシア、トルコ、イラン、インドネシアです。イスラム教が普及している国においては、女性の高等教育の水準が上がっても出生率は極度に減少しません。別な言葉でいえば、拡大再生産が維持できるということです。そして、それらの国からの移民がこれから増えると予想されます。

今ヨーロッパで起きている移民問題は必然的なもので、経済の自由化によっていったん移民の流入がはじまったら、止めることは不可能です。いずれ日本がたどる道でもあります。

経済が社会を侵食していく

格差の拡大が民主主義にどのような影響を与えるか、という点を考えてみましょう。多くの場合、政治においては民主主義が担保されますが、社会生活の実質は経済が動かしています。

経済の世界は民主主義的ではなく、自由主義が優先されます。これは株というシステムを見ればわかります。株は株主全員が平等というわけではありません。ある企業において、持っている株の数で会社の意思決定に大きく関与できるかどうかが変わります。これは、経済の意思決定は「力」であることを意味しています。

一方、政治における意思決定というのは、従来型の民主主義が維持されます。しかし、新自由主義においては、経済がどんどんそれ以外の領域を侵食していきます。そうなると、不平等と格差が拡大するのは避けられなくなります。

そのいい例が受験です。日本では表面上、義務教育は完全に無償化されています。ところが実際は、義務教育だけでは、受験に十分に対応できる教育は受けられないことも多く、私的アクターとしての学習塾や予備校というものの役割が大きくなるわけです。

私立の中高一貫の進学校の場合、教育費（中学受験にかかる塾代を含む）に莫大な金額が必

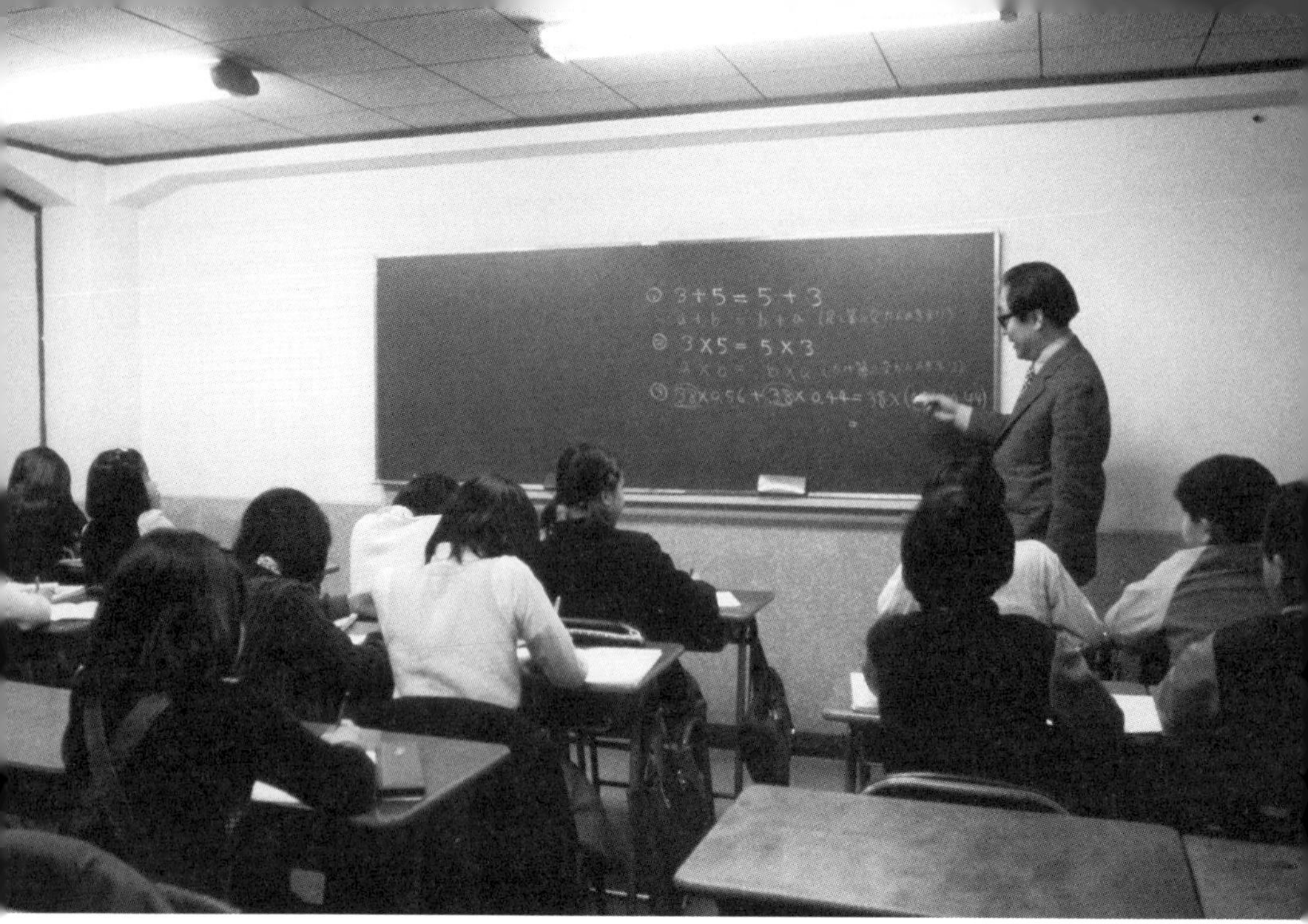

1992年、文部省（現・文部科学省）は学校週5日制の部分的実施を決定。学習塾の存在感が増した。
Photo by 時事通信フォト

要になります。生徒の親の多くが、中学三年くらいまでに一〇〇〇万円程度の教育費を使っているともいわれています。これだけの金額を、すべての親が投資することは不可能です。

この点から見ても、教育の現場で経済の「力」の原理が働き、格差が非常に大きくなっていることが理解できるでしょう。

民主主義という立場から見れば、教育というものは機会均等で、平等に行われるべきです。ところが今の日本の受験体制あるいは教育システムにおいて、より有利な社会的ステータスを自分の子どもに持たせようとしたら、教育に多額の費用をかけなければならない。それができる親の数は非常に限定されます。教育が産業化可能である以上、企業がこの分野に目をつけるのは当然です。よりよい教育を得られる、というキャッチ・コピーのもとに、企業側はさまざまな商品やサービスを大量に提供し、利益を上げようとします。

しかし、低所得層の家庭で教育費にかけられる金額は富裕層の家庭の数十分の一、場合によっては数百分の一です。そうした家庭では教育産業が提供する商品やサービスを、子どもに満足に与えることはできません。教育格差はどんどん広がっていき、この格差は子どもの将来の収入にも影響していくという現実があります。親の収入がそのまま子どもにも反映することで、所得階層間の移転が困難になり（いわゆる「立身出世」や「成り上がり」が不可能になる）、富裕層と貧困層の格差が固定化するわけです。

このように教育という点からだけ見ても、新自由主義体制のもとで格差はますます広がっていくのです。というよりも、新自由主義はあらゆる格差を生み出していき、それが当然であるというシステムと言い換えることもできます。そして現状の体制が持続する限り、格差社会がなくなるということは決してあり得ないということを、私たちは理解すべきなのです。

CHAPTER-2
3

民主主義社会を生き抜くための「中間団体」とは？

中間団体とはどういうものか

新自由主義がもたらす格差の暴力性から私たち一人ひとりが身を守るための組織として、中間団体というものが考えられます。

歴史的に見れば、中間団体は元来、ゲマインシャフト（共同体）を基盤とした存在でした。この点に関して、社会学者の佐藤慶幸は著書『アソシエーションの社会学―行為論の展開―』の中でこう述べています。

伝統的なゲマインシャフトとしての中間集団として典型的なものは、拡大家族であり村落共同体であり、教会であるが、その他のものとしてさらに中世的な自治都市やギルドがあり、中世の大学などもそうである。これらの中間集団の特徴は、集団成員の利益を保護する点において強く、かつ集団成員が集団と一体化する所属感情において強いという点にある。（『アソシエーションの社会学―行為論の展開―』）

中間団体◉国家と個人との間にある集団。ヨーロッパで中世以降に生まれたもので、ギルドのような同業者組合、教会、都市や村落の地域共同体、自治都市などがそれにあたる。現代では労働組合や商工会議所、農協、漁協などの職業団体、各種NPO、地域のコミュニティ、宗教団体が当てはまる。

歴史展開とともに、ゲゼルシャフト（利益社会）が重視される社会においては、ヴォランタリー・アソシエーション（自発的結社）の役割が大きくなっていきます。佐藤は右記の本で、「ヴォランタリー・アソシエーションは、個人と国家あるいはマクロな社会との中間に存在するという点では、たしかに中間集団であるが、しかしそれは社会のゲゼルシャフト化の進行を前提とし、そのうえであくまでも個々人が〈自由と平等〉の理念を実現すべく連合するアソシエーションであって、ゲマインシャフト的な中間集団とは本質的に異なるものである」とも述べています。

日本の中間団体——その歴史と種類

日本でいちばん大きな力を持っていた中間団体は、企業、それも中小企業です。しかし今は昔に比べて中小企業の力が弱くなりました。大企業の完全な下請けになってしまい、大企業の論理に対して対抗できなくなってしまいました。労働組合もそうです。労働組合は元来、労働者のためのものでしたが、今ではその多くが御用組合になり企業の論理のもとに動いている。そうなると、残りは宗教団体くらいになってしまいます。あとは農協、それから医師会です。こうした組織は、資本主義のしくみとは違うところで、彼らの個別利益で動いています。

その他、中間団体として注目したいのは、山梨県などで行われている、参加者がお金を出しあって、ある特定期間に特定の参加者を金銭的に助けるしくみである頼母子講《たのもしこう》または無尽講と

ゲマインシャフト◉共同体。共同社会。社会集団の基本的類型の一つで、家族や村落などの人間の本質的な意思で自然にできる社会集団。近代化によってゲゼルシャフトに移行する。

呼ばれるものです。この種の組織は沖縄県にも存在しています。つまり、山梨県や沖縄県の人々は独自のネットワーク、中間団体を持っているといえるのです。

こうした組織があると、仲間意識が強くなっていきます。飲み会の会費と拠出金だけでも、ある程度の金額になります。規模によって変わりますが、たとえば十人くらいの無尽講なら、拠出金三万でも、年に一度は誰かが三十万円を受け取ることができます。企業経営者による無尽講なら、一回に一〇〇万円というケースもある。それを十人くらいで行った場合、自分の番が回ってくると、一〇〇〇万円のお金が手渡されることになります。無尽講で得た資金をもとに起業するケースも少なからず見られます。

こうした中間団体は非常に重要ですが、中間団体に入れる人と入れない人では、かなり立場が違ってきます。それは中間団体の庇護や相互扶助を受けられるかどうかという問題です。

また、同じく中間団体であるＮＰＯ法人も千差万別です。政治的に右寄りのものも左寄りのものもあります。目的もさまざまで、ホームレスの炊き出しをする団体、女性の人権を守るための団体、薬物依存症からの回復をサポートする団体、貧困家庭の支援団体、自然保護活動団体などがある。

こうした団体は政府の出先機関的な側面があるとしても、中間団体として、やはり社会的に大きな役割を担っています。

ゲゼルシャフト◉利益社会集団。社会集団の基本的類型の一つで、共通の利益を目的として結びついた社会集団。会社や労働組合など。

組合運動の弱体化をどう捉えるか？

中間団体のなかで強い力を持っていた労働組合が弱体化したことは、さまざまな社会問題を生み出す原因にもなっています。

近年、若い社員が組合に加入せず、労働組合員は減少の一途をたどっているといわれています。労働運動家の岩崎馨は『［改訂増補版］日本の労働組合―戦後の歩みとその特徴―』において、日本の労働組合全体の組織率は、戦後すぐは五〇パーセントを超えていたが、一九五三年に四〇パーセントを切り、一九八三年に三〇パーセントを切り、以後は減少し続け、二〇〇三年に二〇パーセントを切り、二〇一二年には一七・七パーセントになったということを明らかにしています。

岩崎は同書の中で現在の組織率は書いていませんが、二〇二二年に厚生労働省が発表した推定組織率は一六・五パーセントです。これは日本の組合全体の弱体化と、中小企業の組合の壊滅的な状況を示しているといえるでしょう。

組合はもともと労働者全体の権利を守るものでしたが、非正規雇用者の拡大などで、その存在意味がほとんどなくなり、連合系の組合などではもはや会社で出世するための道具になっています。いわゆる御用組合です。

昔は、役所にさえ組合専従の職員がいて、国鉄労働組合（国労）などが強い力を持っていました。スト権が認められていないのにストライキをやるとクビになりますが、当時はクビにな

ヴォランタリー・アソシエーション◉自発的結社。人々が自発的な意思に基づき、対等の立場で、共通の目的のために集まる組織。普通は非職業的なものをいい、ヴォランティア団体や住民運動団体などを指す。
無尽講◉相互に金銭を融通しあう目的で組織された講（組合）。

っても組合の専従で食わせていけるくらいの財力が組合にはあったのです。

じつは企業と対立している組合があると、非常にいい効果を生みます。というのは、会社側も労働者の要求を無視できなくなるからです。組合側があまり力を持ちすぎると弊害も生じますが、ある程度の力があれば、会社から処分を受ける恐れがあってもそれに対応でき、職場規律がきちんとして、労働力の質がよくなるのです。

そのいい例がJR東日本のJR総連で、処分を絶対に受けないように、規律は非常にしっかりしています。ですから、三・一一の東日本大震災のときにも鉄道では死者・ケガ人が出ていません。乗客が避難するときでも、車掌が自分の判断で避難させていました。組織としての訓練が行き届いているので、何かあれば組織に大弾圧がかかるだろうと見ており、その緊張感から労働力の質がよくなるというわけです。組合にはこういう側面があります。


組合の弱体化の話に戻しましょう。経済学者の暉峻淑子は『格差社会をこえて』の中で、「日本の労働組合は、国鉄や公社の民営化によって、社会的に大きな影響力をもつ組合の力をそがれました。個々の労働者もまた一九八〇年代までの戦後の右肩上がりの賃金と失業率の低さから、何もしなくても安泰だという怠惰になれていました。利潤追求という価値とは異質の、人間の尊厳や、生活の価値を代表する、組合本来の意義と目的は忘れられていき、パート労働者との連帯や、同一労働同一賃金への努力も忘れられていきました」と述べています。

労働者を守るべき中間団体としての働きが失われた労働組合が衰退するのは当然の結果かも

しれませんが、この衰退によって不利益を被るのは企業ではなく、労働者自身である点をもう一度よく考える必要があります。

中間団体の役割は、新自由主義の暴力から人々の幸福を守っていくためのものであることを、私たちは忘れてはなりません。

北朝鮮での生活と幸福感

いずれにしても、資本主義も民主主義も、システムとしてはかなり限界に来ています。両方のシステムにあまり理想的なものを期待しないほうが現実的です。今のところ、この二つのシステム以外にマシなもの（オルタナティブな制度）が出てきていないというのが問題です。

共産主義も、ナチズムも、それから国体護持の民本主義を主張しても、よりよいシステムを築くことにはつながりません。皇道経済学のようなものを行って、たとえば天皇陛下に喜んでいただくための資本主義のようなことを行っても、イデオロギーとしてはともかく、ついていく人は少ないのでは、と私は思います。

ただ、北朝鮮のチュチェ思想までいけば、システムとしては機能するかもしれません。あれだけのイデオロギー装置を整えて、秘密警察を持てば、表面上は経済・社会活動がうまく回っているように見えるでしょう。私たちは北朝鮮の人々は抑圧されているという側面しか見ていませんが、国の内部にいれば、そこにはさまざまな人間関係や物語があり、独裁体制下でも幸福は存在していることが理解できます。

国体護持◉天皇制を日本の国家基盤とみなし、それを堅守しようとする考え方。

民本主義◉大正デモクラシーで掲げられた日本の政治思想。天皇を中心とした議会制政治体制であるゆえに、国民主権の民主主義とは異なる。

平壌市内のマーケットの様子。日本人は知らずとも、北朝鮮でも日々の市民生活が営まれている。
Photo by PARSNIPS JAPAN

たとえば、『ある女学生の日記』という北朝鮮の映画がありますが、それを見るとかの国の幸福のあり方がよく理解できます。単純なサクセスストーリーですが、飴を売っていないから、おばあちゃんが芋飴をつくるといったシーンや、しょっちゅう停電があってコンセントから火を吹いたりするシーン。または、煙突の詰まりがなくなって、オンドルが動いて、寒さで震えなくなってよかったと思うシーン。こういうものを見ていると、小さな出来事のなかにある幸福というものがじんわりと伝わってきます。

国際問題評論家の吉田康彦は著書『北朝鮮を見る、聞く、歩く』

皇道経済学◉1930年以降戦中に存在した日本の経済学の一つで、欧米の純粋経済学を批判し、総力戦を擁護する経済学派。天皇制に基づく経済学を説いた。

の中で、この映画について、北朝鮮映画には政治色の濃い作品が多いが、この作品にはそうした側面がかならずしも強くはなく、「(…) 人間の生き方、家庭のあり方を問いかけた点にこの映画の新しさがある」という指摘を行っています。

この映画の持つファミリードラマ性には、政治・社会体制とはまったく別の人間の幸福の問題が描かれています。

日本でも、二〇一六年に制作された、宮﨑駿の薫陶を受けた片渕須直監督の『この世界の片隅に』(原作はこうの史代の戦争漫画)が話題になりましたが、あの映画も軍国主義体制下で、さらには、過酷な戦時下という物語設定であるにもかかわらず多くの人々の共感を得ました。どのような体制下であっても、ささやかな喜びがあり、人々の温かい心に触れることができ、そうした日常性を守ろうとして、一般庶民が懸命に生きていたことへの共感を、現代に生きている人々も感じたからだと思われます。

本章の冒頭で述べた中間団体も、人間が日々の暮らしをよりよく生きていこうとする意思の表れであるといえます。それはその時代の政治・社会体制のもとで生まれ、ときに姿かたちを変えながら、さまざまな圧力に苦しみつつも懸命に生きる人々の支えになっていくのです。

チュチェ（主体）思想◉北朝鮮の中心思想。自主、自立、自衛をその理論の中心に置いているが、金一族の独裁政権擁護のためのイデオロギーであると批判されている。

CHAPTER-2
4

貧困は悪なのか？どうすれば克服できるのか？

資本主義がもたらす貧困

資本主義経済が続く限り、格差が生じるのは避けられませんが、新自由主義がもたらす極端な貧困は、労働の再生産（労働者が家庭を持って子どもをつくり、新たな労働者を生むこと）を破壊し、国家を蝕《むしば》んでいく可能性を大いに孕《はら》んでいます。

実際、派遣社員などで年収二〇〇万円台の若者（男性）の割合は、厚生労働省の二〇二一年の統計では一割を超え、一三・三パーセントです。これでは結婚して子どもを育てていくのは難しいでしょう。働き方改革や子育て支援を急ピッチでしなければ、遠からず労働力の再生産ができなくなるという危機感は政府も抱いています。それゆえ、現在実施されている政策は人道上の問題ではなく、国家の生き残りを賭けたものなのです。

一般的に国家が本能的に取り組むのは、人道とか人気取りとかという事柄ではなく、資本主義システムにおける生き残りに関係する問題です。その点から見て、女性の活躍という政策も、政府が本気で行っている課題だといえます。女性の労働力がないと日本の経済システムが回らない状況になっているからです。子どもについても、保育所の数が十年前と比べるとかなり増えています。会社の中でも、子どもが熱を出したから年休を取りたいというとき、それを会社側がストップするのは相当なリスクをともなう行為になってきています。

たしかに、かなり社会システムが変わってきていることは実感できるところです。しかし、先ほども述べましたが、年収二〇〇万円台の男性が十数パーセントもいるというのは大問題です。もっと根本的に賃金を上げないと、国自身が崩壊する方向に転がっていってしまいます。これは自己努力だけではどうにもならない問題です。

市民活動家の稲葉剛は『ここまで進んだ! 格差と貧困』の中で、関東圏と関西圏に住む二十代と三十代の年収二〇〇万円未満の若者への聞きとり調査を行い、一七六七人の解答をもとに考察を行っています。

その調査によると、将来結婚はできないと答えている若者が七割を超え、その大きな要因が経済的なものであることを示しつつ、その上で、「(…) 自分一人で住まいを確保することすら困難な状況のなかで、先の人生の見通しが持てないことがこういう結果につながっているのではないでしょうか。(…) 放置しておけばこれは少子化と相まって、さらにそれを加速化させるという状況になっていきます。もっと危機感を持ってもらいたいと思っています」と書いています。

●ベーシックインカムは貧しさを駆逐するか

貧しい人の救済については、現金で解決しようとしてもなかなかうまくいきません。なぜなら、生活がきちんとできない人というのは、経済的な自己管理が苦手だという人が多いからです。そういう人たちは**ベーシックインカム**で解決しようとしてもうまくいきません。

経済学者の井手英策が『ベーシックサービス』で述べているように、現金ではなく物を給付するということです。医療が必要になれば医療を、食べ物が必要になれば食べ物を給付しなければなりません。米や炊き出し、あるいは転売できないチケットでもいいでしょう。支援にかかる費用も現物ならば、少なくてすみます。

また、貧しい人の多くはお金をきちんと管理することが苦手だったりもします。だから一度に、たとえば二カ月分まとめて三十六万円が入ってきても、競馬やパチンコで使ってしまったり、酒を飲んでしまったりしてしまいます。生活習慣が改まらないからお金が貯まらないし、お金が貯まらないから生活習慣も改まらないという悪循環を繰り返してしまうのです。

さらにお金がないことで、ストレスから酒を飲んだり、ギャンブルで無駄遣いをしてしまうということもあります。だからこそ、物での給付が必要になるのです。とにかくお金との関係を断ち切って、ベーシックな部分でお金以外のところで支援していくことが必要です。

ベーシックインカムではなくベーシックサービス。それを行わないと、ある一部の経済弱者

ベーシックインカム●最低限所得保障制度の一つ。年齢、性別、所得を問わず、あらゆる人に一定の額を無条件に給付しようとする福祉制度。貧困対策や、社会保障制度を簡素化することでの行政コストの削減などのメリットがある一方で、財源確保などのデメリットも指摘されている。

への支援は支援にならず、弱者をより弱者にしてしまうこともあり得ます。弱者という存在は生活習慣の弱者であって、貯蓄しろといっても貯蓄ができない人だからです。

とはいえ、人間としての尊厳を考えても、そういう人たちの生きる権利を奪うようなことは誰にもできません。あくまで一部の人々かもしれませんが、そういう貧しい人たちを今後どう救済していくかも、国家として重要な問題となってくると私は思います。

動物との共生による人生の変化

貧しいとペットを飼うのもたいへんです。猫一匹を飼ったら、生涯で二〇〇万円くらいはかかると思われます。しかし、それでもペットのためにお金を使っている人が大勢います。

それに対して、なぜ動物にはやさしいのに、人間に対してはそんなに冷たいのかという意見があります。ホームレスや生活保護受給者に人権はないという主旨の発言をする人も、インターネット上で目にします。自分の飼っている猫とホームレスの人とどちらが大切なのかという意見も存在しますが、そういう問題の立て方自体が間違っています。

命は、人間であっても動物であっても等しく大切です。仮に今、ホームレスの状況にある人々であったとしても、同じ人間として、せめて屋根のある場所で、日々の食事にも事欠くことなく、きちんと休める環境を確保してほしいと願うことは、人として当たり前のことであると私は思います。

ベーシックサービス●最低限所得保障制度の一つ。ベーシックインカムと似た制度だが、ベーシックインカムがお金を提供するシステムであるのに対して、現物支給であるところが異なる。医療、介護、教育、保育、障害者福祉、住宅などのサービスがこれに当たる。

本の出版後、コヴェント・ガーデンで大道芸をするジェームズ・ボーウェンとストリート・キャットのボブ。
Photo by Bryan Ledgard / Wikipedia

ところで、『ボブという名のストリート・キャット』という全世界で数千万部も売れた大ベストセラーのノンフィクション小説があり、映画にもなりました。この本の筋書きは以下の通りです。

ロンドンに麻薬中毒の青年がいて、そこから抜け出そうとするができず、彼女も逃げてしまい、ホームレスに転落してしまいます。

そんな状況のときに、青年はたまたま出会ったボブという名の猫といっしょに生活するようになる。青年はストリートミュージシャンをしながら生活していたのですが、ボブといっしょだとお金の集まりが数十倍になることに気づきます。ボブがいるので、みんなが彼にお金を払うのです。

たった一人の路上生活者だったときには誰からも相手にされなかった主人公が、ボブという野良猫と組んだことによって、経済的には数十倍以上の利益を得て更生することができた。新しい彼女も見つかり、さらには世界的な大ベストセラーも出して、印税も入ってきて、映画化までされるという一発大逆転のサクセスストーリーが展開されたのです。

この逆転劇は猫といっしょにいたことによって起きたものです。アングロ・サクソン流の美しいサクセスストーリーの典型であるけれども、動物との生活が生き方を変えるきっかけとなったことが示されています。

その点を考えれば、この物語には大きな意味があると私は思います。

一人の人生ではできなかったことが、（たとえ動物でも）いっしょに生活していくことでできるようになることもある、ということをこの物語は示しているのです。

ジェームズ・ボーウェン著『ボブという名のストリート・キャット』（A Street Cat Named Bob）

CHAPTER-2
5

GDPは永久不変の指標ではない

GDPは本当に国力を表せるのか?

二〇〇七年に世界銀行が発表した報告書『東アジアのルネッサンス』の中で、「中所得国の罠」という言葉が使われました。この言葉には、ある程度民主主義が発展しないと、個人の所得は一万ドルの壁を超えることができない、という意味があります。

一見、なるほどと思わせますが、この説はGDP神話というものを前提としており、ほとんど意味のないものであると私は思います。なぜなら、ウクライナ紛争によって、GDPが圧倒的に多いアメリカが、ロシアを屈服させることができないという現状があるからです。

GDPの指標として、民主主義が成熟した国においてはサービス業の数字が入っており、このサービス業の数字がかなりの曲者です。たとえば、トランプの不倫裁判にかかる費用も、不倫のもみ消し料も、すべてGDPに計上されます。GDPは一国の付加価値の合計だから、こうしたものまで計上されてしまうのです。

アメリカの作家ジョン・デ・グラーフと経済学者デイヴィッド・K・バトカーは『経済成長

GDP◉国内総生産。一国の経済活動で、年間の生産総額から原材料、中間生産と海外での生産分を控除したもの。一般に国内の経済活動をより的確に表す指標だとされているが、その計上方法には問題も多い。

って、本当に必要なの？』の中で、ＧＤＰの問題点を指摘しています。

今は物があふれていて、所有権の移転も多くなりました。交換して所有権が移転するだけなら付加価値は生じないので、ＧＤＰには反映されないし、税金もかからない。極端な話、「メルカリ」や「アマゾン」などを禁止すれば、ＧＤＰは上がるかもしれません。日本のＧＤＰが伸び悩んでいるといっても、セカンドハンド（中古品）でものを回すことが多くなっているだけです。ネット空間での物と物の交換のような取引も相当な数に上りますが、そうしたものはＧＤＰに計上されません。ＧＤＰのみで経済を判断することには問題が多すぎるのです。

基本的には、ＧＤＰではなく、購買力平価で経済の動向を測るのが現実的といえます。購買力平価の実体に近づけて測るようになると、全然違う様相が見えてきます。

そうした計測で見れば、日本はまだ豊かであるという結果が出ると思います。私たちの見えないところで、かなりの数の品物の流れが起こっているはずです。そうした現象を見ずにＧＤＰ中心主義を押し通していくと、実体経済というものが見えなくなってしまうのです。

それでもGDP神話は続く？

しかし多くの経済学者は、ＧＤＰ神話を変える気はないでしょう。ＧＤＰへの信仰は一種のイデオロギーだから、簡単に変わらないのです。経済統計という点でいえば、旧ソビエトでは、サービス業を入れない独自の統計を使っていました。旧ソビエトの統計方法を使って今の日本の経済状態を測り直したら、そのほうが実体に近いかもしれません。

購買力平価◉物やサービスの値段を基準にした為替レート。ある国である価格で買える商品が、他国ならいくらで買えるかを示す交換レート。たとえば、ある商品が日本で100円、アメリカで1ドルで買えるとすると購買力平価は1ドル＝100円ということになる。

ところで、GDP神話の崩壊が明確に理解できるようになるのは、戦争が起きたときです。たとえば、二〇二四年二月、世界のGDPにおける順位において日本は三位から、ドイツに追い越されて四位に落ちたということが大きな話題になりました。二〇二四年二月十五日の読売新聞には、「内閣府が発表した2023年の名目国内総生産（GDP）は591兆4820億円だった。ドル換算すると、4兆2106億ドルとなり、ドイツよりも2400億ドル少なく、世界4位に転落した」という内容の記事が書かれており、多くのジャーナリストはこのニュースを日本経済の凋落というニュアンスで捉えました。

しかしドイツは、ウクライナ紛争の影響で、ロシアからパイプラインで送られてきていた天然ガスの供給がストップしたため、エネルギー価格が約四倍に高騰し、GDPに大きく反映されてしまっているのです。こういう点に関しては正しく報道されず、日本のGDPの順位が下がった点だけがクローズアップされて語られているのが真相です。

さらに、円安が起きています。そのため日本の経済力をドル換算のGDPだけで見れば、どうしても下降している数字が出てきてしまいます。これらの点をふまえれば、国家の経済力を示すものとしてのGDPの指標は、すでに崩壊しているといえます。それがはっきりと見える形をとるのは、繰り返しになりますが戦争が起きたときです。

結局、国力というものが端的にわかるのは戦争に強いか弱いかであって、当然戦争に強い国のほうが国力は上なのです。

アメリカの弱体化がGDPの嘘を暴く

今回、まさにロシア・ウクライナの紛争で、「戦争の強さ=国力の大きさ」が如実に示されました。二〇二三年の時点でGDPがアメリカの約七パーセントに過ぎないロシアが、アメリカの支援するウクライナと互角、あるいはそれを凌駕する戦いを見せている現実を見ると、GDPがその国の実力を反映していないのはもはや明らかです。

ウクライナ問題とパレスチナのガザ地区をめぐる問題で、アメリカの今の実力はこんなものだということが世界に知られてしまいました。ロシアにしても、ハマスにしても、中国にしても、じつはその点をよく見ています。アメリカはなんとかこの状況をうまく乗り切りたいと思っていますが、アメリカの国力自体が弱体化している今、それは難しいでしょう。

エマニュエル・トッドは『我々はどこから来て、今どこにいるのか?』の中で、ウクライナ紛争にともなうロシアへの経済制裁について、

一見、『戦争』を回避するための『平和的手段』に見えても、その究極の目的は『相手国の破壊』にある、かなり暴力的な手段なのです。現在、西洋諸国とロシアが互いに課している経済制裁は、長期化すればするほど、双方にダメージを与えるでしょう。しかし、西側メディアの論調とは違って、ロシア経済よりも、『消費』に特化した西側経済の脆さのほうが今後露呈してくると私は見ています。(『我々はどこから来て、今どこにいるのか?』)

と述べています。
この言葉は、生産する国（ロシア、日本、中国など）ではなく、消費する国（アメリカやフランス、イギリスなどの西側諸国など）のほうが、戦争が起きれば、経済的ダメージをより受けやすいという点を的確に示しています。
なぜなら、戦争が長期化すればするほど、過酷になればなるほど、食料や武器、エネルギーなどの実際につくり出される物資（商品）が重要になっていくからです。

World Economic Outlook Growth Projections

(Real GDP, annual percent change)	2023	PROJECTIONS 2024	2025
World Output	3.2	3.2	3.2
Advanced Economies	1.6	1.7	1.8
United States	2.5	2.7	1.9
Euro Area	0.4	0.8	1.5
Germany	-0.3	0.2	1.3
France	0.9	0.7	1.4
Italy	0.9	0.7	0.7
Spain	2.5	1.9	2.1
Japan	1.9	0.9	1.0
United Kingdom	0.1	0.5	1.5
Canada	1.1	1.2	2.3
Other Advanced Economies	1.8	2.0	2.4
Emerging Market and Developing Economies	4.3	4.2	4.2
Emerging and Developing Asia	5.6	5.2	4.9
China	5.2	4.6	4.1
India	7.8	6.8	6.5
Emerging and Developing Europe	3.2	3.1	2.8
Russia	3.6	3.2	1.8
Latin America and the Caribbean	2.3	2.0	2.5
Brazil	2.9	2.2	2.1
Mexico	3.2	2.4	1.4
Middle East and Central Asia	2.0	2.8	4.2
Saudi Arabia	-0.8	2.6	6.0
Sub-Saharan Africa	3.4	3.8	4.0
Nigeria	2.9	3.3	3.0
South Africa	0.6	0.9	1.2
Memorandum			
Emerging Market and Middle-Income Economies	4.4	4.1	4.1
Low-Income Developing Countries	4.0	4.7	5.2

IMFが発表している先進国と途上国のGDPの成長予測。もはやこうした指標だけで国力は測れなくなってきている。

126ページで取り上げた『経済成長って、本当に必要なの？』には、「ノーベル経済学者のジョセフ・スティグリッツとアマルティア・センは、GDPを増やそうとする政策が、国民の生活の質を貶めていると指摘している。この時代遅れの経済目標を使い続けている理由は、八〇年間も使い続けてきた惰性にすぎない」という記述もあります。

この発言は、ＧＤＰがある国の現在の経済状況を測るための一基準にしかすぎず、それによって国民一人ひとりの生活の真の満足感や幸福感といったものは測ることができないということを意味しています。

経済学者は自明のものとしてＧＤＰを経済や財政の分析に使っていますが、もはやそれだけでは国力を測ることができないことに気がつくべきだと私は思います。ひと昔前にもてはやされた基準だけを追い求めることで、失ってしまうもののほうが大きいということや、そもそもその数字では測れないものが多数存在していることを私たちは自覚すべきなのです。

CHAPTER-2
6

民主主義における貿易摩擦

TPPというルールを「つくる国」と「従う国」

次に、新自由主義と貿易摩擦の関係について考察していきたいと思います。新自由主義と貿易摩擦は基本的に相性が悪いという事実があります。その反対に、貿易摩擦はナショナリズムとは相性がよく、さらに民主主義とも基本的に親和性があります。

一般に保護貿易主義があるから貿易摩擦が起こると考えられますが、近年の貿易摩擦というのは、じつは自由貿易を騙《かた》る保護貿易主義です。

その最たる例が、環太平洋パートナーシップ（TPP）です。TPP協定とは、現在オーストラリア、ブルネイ、カナダ、チリ、日本、マレーシア、メキシコ、ニュージーランド、ペルー、シンガポール、イギリス（発効前）およびベトナムの合計十二カ国からなる経済連携協定です。

TPPは自由貿易を標榜していますが、実態は特定の地域の中での関税を免除するブロック経済で、関税同盟に過ぎません。TPPの域内ならたしかに関税はフリーですが、域外に関しては関税がかかり、貿易摩擦が生じます。その点で、EUと同じ構造なのです。

保護貿易主義◉政府が直接貿易に介入し、特定の国内産業を守る経済政策。

ブロック経済◉特定の国家間だけで行われる閉鎖的経済体制。本国と植民地間、あるいは、同盟国間だけで貿易が行われる体制のこと。世界恐慌後、イギリスやフランスが推進した。

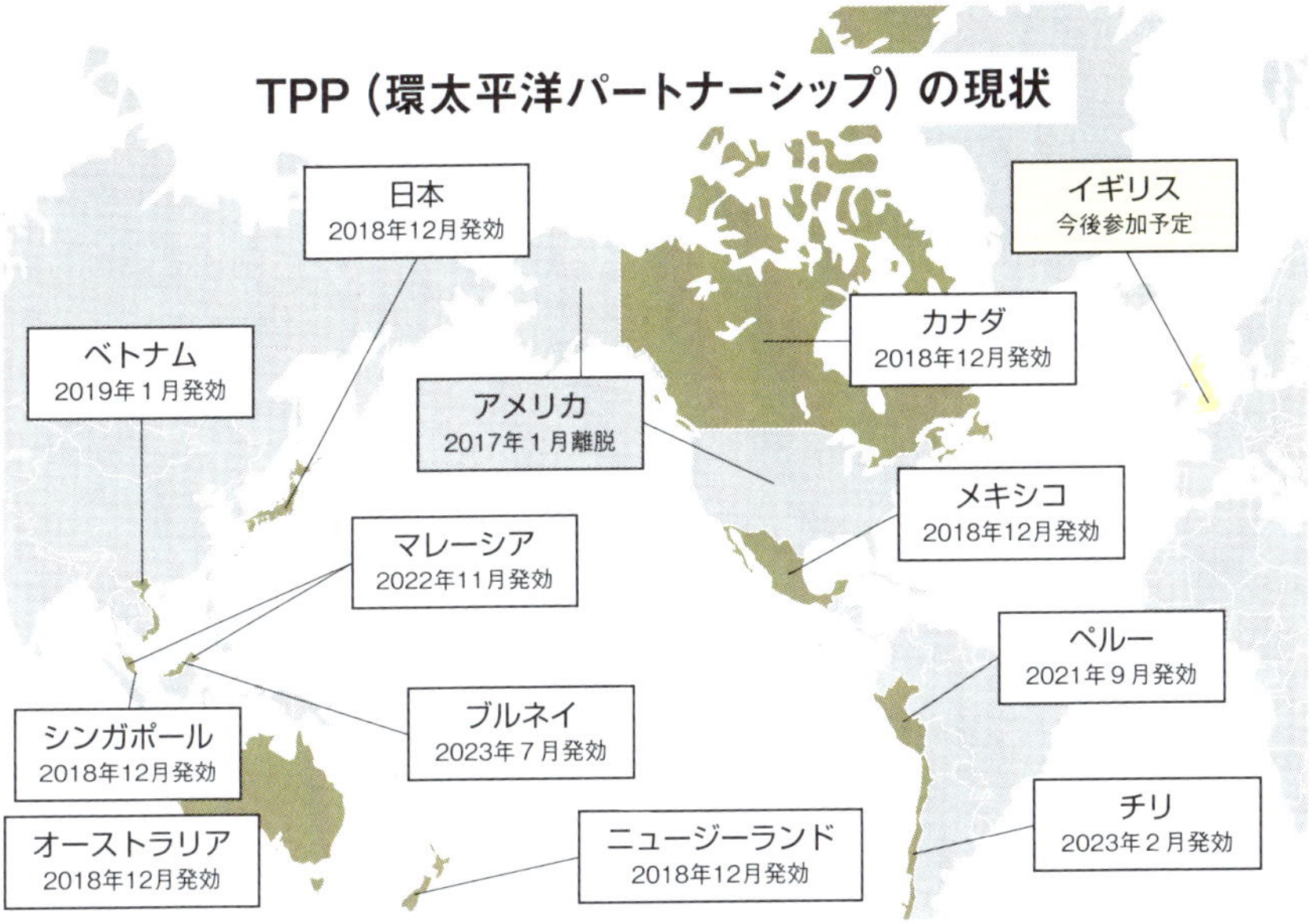

※経済産業省のTPP（環太平洋パートナーシップ）に関する広報資料を基に作成。

自由貿易を発展させたいならば、WTOを強化すればいいだけの話だと私は思うのですが、各国のさまざまな思惑がからみ合ってTPPが発効しました。

しかし、TPPは自由貿易を謳いながら、やっていることは関税同盟による保護貿易主義と変わりありません。ある地域に限定された保護貿易主義というのは、その地域の覇権国に有利です。だから、アメリカが離脱したTPPは日本にとっては非常に望ましい環境なのです。

結局、TPPというブロック経済をつくって、その中でイニシアチブを握ろうとする各国の駆け引きは、かつて欧米諸国が十六〜二十世紀に

関税同盟◉加盟国間の関税は撤廃し、加盟国以外の国には重い関税を課す経済体制。

WTO◉世界貿易機関の略称。国際貿易機関（ITO）の後継国際機関であり、自由貿易の促進を目的として1995年に創設された。スイスのジュネーヴに本部があり、現在、164カ国が加盟している。

行った帝国主義ゲームのアナロジーになっています。

帝国主義ゲームにおいては､国は二つのグループに分かれます。「ルールをつくる国」と「ルールに従う国」です。もちろん、日本はルールをつくる側に回らないといけません。帝国主義的な振る舞いが国益上、求められるからです。

ＴＰＰには一時中国が加盟する動きがありましたが、いまだ実現に至っていません。これは日本にとって有利な状況です。なぜなら、中国はルールをつくる国の側だからです。もし中国がＴＰＰに加盟したら、日本は中国のつくったルールに従う国に転落する可能性があります。

EVをめぐるドタバタと貿易摩擦

「ＥＶ」は「Electric Vehicle」の略で、電気自動車のことです。自宅や充電スタンドなどで車載バッテリーに充電を行い、モーターを動力として走行します。エンジンを使用しないので、走行中に二酸化炭素を排出せず、環境性能においてはエコカーのなかでもトップクラスといえるでしょう。

二〇二三年、ＥＵ（欧州連合）は二〇三五年にガソリンなどで走るエンジン車の新車販売をすべて禁止するとしてきた方針を変更し、環境によい合成燃料を使うエンジン車は認めると表明しました。エンジン車の全面禁止により、ＥＶ（電気自動車）シフトを世界に先駆けて進めてきたＥＵの政策が大きく転換したのです。

アナロジー◉類推あるいは類比を表す英語。異なる複数の対象の間にある類似性を見出し、それらの対象が内包する問題を解決する思考方法は、アナロジー的思考と呼ばれる。

中国のEV開発競争の果てに生まれたEV墓場。 環境問題とは何かを考えさせられる。
Photo by CFoto ／時事通信フォト

もともと、ＥＶを推し進める欧州の意図は、ハイブリッド車で絶大なシェアを誇るトヨタ潰しでした。ＥＵが団結してトヨタ車を排除しようとしたことは、自由主義経済への反逆といえるでしょう。これに対してトヨタの態度はきわめて冷静で理性的でした。

トヨタの会長は、ＥＶは未完成なもので、充電施設の不足や寒さに弱い点、バッテリーの脆弱性など解決してない問題が山積している事態を見て、独自のＥＶのバッテリー開発を行いつつも、ハイブリッド車の製造や水素エンジンの開発など、ＥＶオンリーではなく、さまざまな自動車のあり方をバランスよく俯瞰《ふかん》しています。

そして二〇二三年頃に、テスラや中

国のベンチャー企業のＥＶの使い勝手の悪さが露呈し、欧米ではふたたびトヨタのハイブリッド車の利便性と環境へのやさしさが見直しされるようになりました。

フィンランドやデンマークなど北欧の国では、風力発電や水力発電など、自然に負荷をかけない形での発電で電気をほぼ賄っています。当然、その電気エネルギーをＥＶに使えば、ＣＯ２の削減につながります。

しかしドイツやフランス、中国など、それ以外の国では、化石燃料で電気をつくってＥＶのバッテリーの充電を賄《まかな》っている。これに関しては諸説ありますが、少なくともＥＶのバッテリーにはＣＯ２の排出が不可欠なのはたしかです。

ＥＶという一見クリーンなイメージの自動車が市場原理を無視して、理念先行で強引に推進された欧米や中国の政策の誤りに日本が巻き込まれなかったことは、僥倖《ぎょうこう》といえるでしょう。自国ファーストのための偽りの環境至上主義が闊歩《かっぽ》する時代において、トヨタの〝したたかさ〟は、今後の日本経済において重要になってくるばかりか、アングロ・サクソン的な新自由主義に対抗する道標を示してくれると思います。

CHAPTER-3

第3章

民主主義はグローバリゼーションと共存できるか?

人や物、お金、情報などが瞬時に世界中を駆けめぐるグローバル化の波は、民主主義と相性が悪いとされる。また、グローバル化は経済だけでなく、気候変動やテロ、移民問題にも影響をおよぼしている。ここではグローバリゼーションと民主主義の関係を考察していく。

CHAPTER-3
1

「生産する国」と「消費する国」

近くて遠い「自由」と「平等」

自由という概念と平等という概念は、近似性はありますが、対立するものでもあります。そのため、自由の方向性と平等の方向性が別のベクトルに進んでいる場合にはどうするのか、という問題があります。

たとえば、経済的自由が極端な形で現れる新自由主義と、平等を目指す民主主義が対立した場合、この二つの概念の対立は自由と平等というものだけでは止揚《しよう》することは不可能です。そこで、この二つを調整するものとして46ページでも触れたように、「友愛」という概念が非常に大きな意味を持つことになります。私は、「友愛」は自由と平等の接着剤のようなものなのではないかと思っています。

しかし、そもそも「友愛」とはなんでしょうか。この根源的な問いに対して、哲学者の鵜飼哲は『償いのアルケオロジー』の中で「友愛」という概念語に対する考察を行い、アリストテレスが初めてこの語を厳密に定義したと述べ、デカルトの「対象を自己と同等に愛するとき、それは友愛と呼ばれる」という言葉を紹介しています。

この「友愛」が存在しないと、フランスの経済学者ピケティが『21世紀の資本』で述べているように、新自由主義的な自由を押さえるために、国家機能の力を用いて平等を実現するしかなくなります。しかしそこには「友愛」がないため、力と力との暴力的な対立となってしまいます。「友愛」は、そうした力による自由と平等との強引なバランス維持を避けるために、非常に重要な要素となります。

宗教と資本主義の親和性

ここで視点を変えて、宗教的なものが資本主義における弱肉強食の指向性を変える力になり得るか？　について考えてみましょう。その答えは、「なり得る宗教もあれば、なり得ない宗教もある」となります。たとえば、アメリカや韓国のメガチャーチはなり得ない。むしろ、新自由主義的な競争が加速していく方向になります。

イスラム教に関していえば、特に商人資本として右から左に物を流していくという点において、イスラム教は資本主義と親和性があります。株式取引にも非常に親和性がある。しかし、イスラム教は生産の哲学が希薄です。生産そのものは商業と比べると儲かりませんが、実際に人を食わせることはでき、利便性を向上させるので、何よりも戦争に強いのです。

この生産の哲学の強さという点は、今回のロシア・ウクライナ戦争ではっきりしたと思いま

メガチャーチ◉世界的に発展しているプロテスタントのキリスト教教会。カリスマ牧師による、2000人以上の規模で礼拝集会を行う教会のこと。特にアメリカを中心に発展している。

す。GDPからすれば、二〇二三年の時点でロシアはアメリカのわずか七パーセントほどです。アメリカの医療費はGDPの約一六パーセントで、ロシアのGDPはアメリカの医療費の半分程度にすぎません。そのロシアが、西側連合があれだけウクライナを支援しても十分持ちこたえ、少しずつ占領地を広げています。第2章で言及したように、GDPは国力の指標にもはやなっていないということです。

生産と消費の問題は、エマニュエル・トッドが『我々はどこから来て、今どこにいるのか？』で言及しています。結局、生産する国はドイツとロシアと中国で、消費する国がアメリカとイギリスとフランスになっています。日本は生産と消費のバランスでいえば、中間くらいの国です。この分類はエンジニアの数で見ればわかると、トッドは述べています。

アメリカはエンジニアが人口のわずか八パーセントくらいだから、物づくりをしようと思ってもうまくできなくなってしまったのです。

先に触れたように、宗教的なものは資本主義における弱肉強食的な方向性を変える一つの力となり得るのかという問いもありますが、たとえばトランプが志向している**カルヴァン主義**的なものには変え得る力があります。彼は額に汗した人間を大切にして、雇用を重視する。それは世俗化されたカルヴァン主義です。

意外なことに、マネーゲームで儲けるだけの人々を彼は嫌います。それよりも、**ラストベルト**にいるような人たちが、駆逐されることなく車や冷蔵庫をつくる社会というのがトランプの

カルヴァン主義◉キリスト教プロテスタント派の教義で、フランス出身の神学者カルヴァンの考えに基づいているもの。

理想とするアメリカ像です。

そこにあるのは生産の哲学です。彼が中国企業に関税をかけるのも、貿易収支を見ないで雇用だけを見ているからです。中国から安いものが入ってくると、アメリカの雇用が奪われてしまうという発想です。だから、トランプは日本の円安に対しても非常に厳しい見方をしています。アメリカの雇用に悪影響があると思っているからです。雇用がすべて――これがトランプの本質です。こうした考えはまさに世俗化されたカルヴィニズムで、弱肉強食の方向性を変える力となる可能性があります。

トランプの異質性とは？

アメリカの宗教はユニテリアン的だといわれていますが、トランプはトリニテリアンです。カルヴァン派で、三位一体論を信じています。トランプの心情には超越的なものがあって、自分の努力で何かを勝ちとるという発想ではなく、神がかり的に自分は選ばれた人間で、勝利することが保障されていると思っています。

トランプはまた予定論的な考え方も持っています。彼はプレスビテリアンでもありますが、アメリカでプレスビテリアン系の大統領は今まで三人しかいません。国際連盟をつくったウッドロウ・ウィルソン、ノルマンディー上陸作戦を実行したドワイト・D・アイゼンハワー、そしてドナルド・トランプです。三人とも神がかり的なところとか、極端な理念で突き動かされるタイプという点で共通しています。

ラストベルト◉アメリカの「錆びついた工業地帯」。具体的にはペンシルバニア州など東部から中西部の五大湖周辺の、工業が国際的競争のあおりを食って衰退している地域を指す。2016年の大統領選挙でトランプが勝利した際に鍵を握る地域になったことで知られる。

トランプについて、言語学者のチョムスキーが、「わたしが何年もの間、書いたり話したりしてきたことがひとつあります。それは、このアメリカでほんとうに正直で魅力的な夢想家が登場した場合の危険についてです。そのような人物が現れれば、社会に溜《た》まりに溜まった不安や怒りが沸騰《ふっとう》し、その不安や怒りが、社会を腐敗させている真の人物ではなく、ヒトラーがそうしたように、お門違《かどちが》いの弱者に向けられかねないからです。(…)トランプの登場によって勢いづいてきた勢力のことを考えると、この危険はさらに大きくなったと言うべきでしょう」と『アメリカンドリームの終わり——あるいは富と権力を集中させる10の原理』の中で書いています。

トランプが再選したら、一年以内にアメリカの有名な哲学者の誰かが『トランプ革命の意義』という本を書いて、トランプを賞賛すると思います。ヒトラーが権力を握ったときのハイデガーのように。

もし今回トランプがやっていることの一つひとつはもちろんでたらめです。しかし、そのでたらめなものが指しているベクトルは、今のアメリカの危機を正確につかんでいるし、危機からアメリカを脱却させようという方向にも向いています。

そういう力も含めて、トランプには〝下品力〟があります。缶ビールを一人で十缶くらい飲んだり、コーラをジョッキで飲んだり、さらに、UFOの存在を信じているようなブルーカラーの典型的アメリカ人たちとトランプは話ができて、彼らに「あの親爺は頼りになる」と思わ

ユニテリアン◉プロテスタントの一派。三位一体の教理を否定し、キリストの神性を認めないもの。トリニテリアンは三位一体の教理（キリスト教において父、子、霊の三つが一体であるという教え）を信じるもの。

せてしまう。これは下品力がないとできないことです。

難関大学を出ているインテリの親がいて、そのコネと家庭環境で子どももいい環境にいる、といった人々が階級的に固定されていて、この五十年くらいいい思いをしています。それに対するルサンチマン（恨み）を持っている人々がアメリカには多数います。トランプはエリート出身であるにもかかわらず、この体制を内側から壊しているわけです。

しかし、トランプの方向性は新自由主義ではありません。むしろ保護貿易主義です。たぶん今回の大統領選で、仮に民主党政権が続くことになっても、少し時間を置いたら、結局トランプ的になっていきます。共和党自体がそうであるだけではなく、共和党、民主党関係なく、みんなトランプ化していくと私は思います。

アメリカはおそらくウクライナ・ロシア戦争に勝てないでしょう。二〇二四年四月にブリンケン国務長官が習近平国家主席と会ったのは、もうアメリカは中国と喧嘩をしないという意味です。アメリカはどんどん撤退戦に入っています。今回のウクライナ・ロシア戦争とイスラエル・ガザ紛争ではっきりしたのは、もうアメリカに力はないということです。だから、アジアで虚勢を張る余裕はありません。

台湾海峡問題を考える

こういった理由から、台湾海峡有事はほとんどないと考えられます。アメリカは台湾を助け

プレスビテリアン◉イギリスのプロテスタントの一派。長老派教会。一般信者の中から経験の深い指導者を長老として選び、教会を運営するものとした。カルヴァンの教えを尊重する。

る気はないし、中国も無理に攻める気はありません。どちらにも戦争を起こすメリットがないからです。しかも中国は、かつての一人っ子政策で、子どもの数が少なく貴重な存在なので、国民全体が戦争には猛反対します。

それよりも今、中国は不動産バブルが崩壊していますが、これにより状況が大きく変わります。優秀な人材が、不動産業界から製造業などに移っていくからです。中国人は競争に強く、スキルも高く、激しい競争への耐性が高い。こうした国民がいろいろな産業分野に分かれていった結果、五年後にどうなるのか。想像するのが恐ろしくなります。

中国人のハングリー精神には凄まじいものがあります。なぜなら、エネルギーと食糧の自給ができない国だからです。世界で二つの国だけが、エネルギーと食糧の自給ができている。それはロシアとアメリカです。この二つの国が好きなようにふるまうことができるのは、両国が共に、エネルギーと食糧の自給ができているからです。その他の国は自給できていません。

この条件が変わる、つまり、中国が十分なエネルギーを得られるのは「核融合発電」が成功した場合だけです。それが可能になれば、中国は完全に変わります。もし核融合発電ができれば、海水から無限に電気がつくれるようになるからです。

こうした状況になったとすれば、日本にとってもたいへん有利になります。それに反して、サウジアラビアなどの原油国にとっては経済的にかなり厳しい状況になると思われます。

核融合発電◉水素のような重さの軽い原子核を持っている元素同士が融合し、ヘリウムなどのより重い原子核に変わる現象を用いた発電。

2号機が停止中の敦賀原発。エネルギー問題は、常に日本について回る。
Photo by Bryan Hirorinmasa / Wikipedia

もっとも核融合発電ではミサイルや戦闘機は飛ばせないため、石油資源もそれなりの地位は占め続けるでしょうが、エネルギー資源としてのウエイトはかなり下がります。

二〇五〇年くらいまで、代替エネルギーはできないでしょうから、それまでの間、日本には天然ガスが必要となります。水素発電が成功するにしても、かなりの時間がかかることでしょう。とにかく、核融合発電ができるまで待つしかありません。

代替エネルギーができるまでは、日本はサハリンの天然ガスに頼るしかありません。その間、もしかしたら原発も増やさなければならない状況に陥るかもしれません。

それほどまでにエネルギー状況は逼迫しているというのが、日本の現実の姿なのです。この点はしっかりと考えておかなければならないと私は思います。

CHAPTER-3
2

グローバリゼーションって結局どういうこと？

グローバリゼーションの定義

グローバリゼーション、あるいはグローバル化とは何かという問いに対して、その明確な回答は、じつは存在していません。

グローバルは地球ということで、地球規模のレベルのものを示してはいますが、それ以上に厳密化することはできません。歴史的に見れば、これまで地球規模の問題は、インターナショナルという言葉で説明されてきました。

世界の連帯という意味のインターナショナルでは、マルクスやバクーニンがつくった第一インターナショナルというものがありました。あるいはドイツ社会民主党が中心になってつくった第二インターナショナルがあり、レーニンによる第三インターナショナルもありました。こういったインターナショナルという考え方の根底にはネーション、つまり国家があります。ネーション間の交流がインターナショナルなのです。

グローバリゼーションは、この考え方とは基本的に枠組みが違っており、ネーションという

グローバリゼーション◉グローバル化。特に経済面での国際化を意味し、各国が規制緩和などによる自由化・標準化を進め、世界経済の一体化を図ること。これによって経済大国の企業が途上国に進出し、弱肉強食の競争化時代を招くとされる。

ものをベースとしていない概念です。ネーションという考え方は、ネーションとステートが結びついたネーションステートというものに展開していきますが、そのネーションステートが持つ国境を、できるだけなくすことを目指すのがグローバリゼーションです。しかし、国境を完全になくすことはできないため、実質的にはミシン目を徐々に入れていくことになります。

こういう思想のもとで、人、物、金の移動が自由になっていく。それがグローバリゼーションの流れで、この流れには国家や民族を解体していく強力な作用があるのです。

ここで別の視点から、グローバリゼーションを見ていきましょう。フランスの哲学者・思想家のジャン・ボードリヤールは、著書『パワー・インフェルノ』の中で、「『グローバル［地球的・世界的］』と『ユニヴァーサル［普遍的］』という用語の間には、人びとを欺く相似性が存在する」と述べています。そして「普遍性《ユニバーサリティ》とは、人権と自由と教養文化とデモクラシーの普遍性であり、グローバリゼーションとは、技術と市場とツーリズムと情報の世界化である。グローバリゼーションの進行は不可逆的であるように見えるが、普遍性のほうは、むしろ消滅の一途をたどっているらしい」という言説を提示しています。

この指摘にあるように、グローバリゼーションには新自由主義的なマイナスのイメージがあるのに対して、ユニヴァーサルには民主主義と結びついたプラスのイメージがあります。しかしながら、このプラスのイメージを持つユニヴァーサルという語は近年あまり語られなくなっ

インターナショナル◉社会主義運動の国際組織。第一インターナショナルは1864年に結成。第二インターナショナルは1889年に、第三インターナショナルは1919年に結成された。

たと、ボードリヤールは指摘しています。つまり、グローバリゼーションによって、民主主義が侵食されているという問題があるのです。

『資本論』から見るグローバリゼーション

グローバルという問題を端的に捉えるためには、マルクスの『資本論』に書かれたモデルをもとに考えるべきです。『資本論』では、共同体と共同体の間に商品交換が起きるとされています。しかし、それによって共同体が強化されるのではなく、むしろ破壊されていくという構図が明確にモデル化されています。

土地を奪われた農民は都市に流れ、工場労働者として資本家に搾取される存在になる。こうしてブルジョワ階級とプロレタリアート階級とが差異化されていきます。

歴史的展開はさらに続き、自由主義経済が導入されていき、貿易が盛んになります。生産量が増えると、国内での消費では商品をさばき切れなくなり、市場を海外にも求めるようになる。大規模な海外進出は国家の力を必要とします。こうして帝国主義による世界支配の時代がやってきます。しかし帝国主義は多くの問題を抱えるシステムであり、植民地の人々の反発や宗主国の国民による平等な社会への要求、あるいは革命勢力の拡大が起きます。こうした展開を、マルクスは『資本論』で的確に提示しています。

『資本論』に書かれた歴史展開のモデルは、個体を中心に行われるアトム的モデルがベースに

アトム的一つの独立したものとして捉えられること。原義は「これ以上分けられないもの」。「アトム的存在」は、自己が共同体から切り離された宇宙のなかで、利己的な判断・意思決定・行動の主体となれることをいう。

なっています。なぜなら、近代ヨーロッパにおけるデカルトの「コギト・エルゴ・スム」としての主体の確立以来、個人的な自由を持った主体が世界を築いていくことになったからです。マルクスの思想にはアトム的な世界観が結びついており、彼の用いている理論にもそうした傾向があります。

こうしたアトム的な考え方は、市場原理と非常に相性がよいものです。なぜなら、市場原理は個人の自由を最大限に認め、競争原理で動き、競争によって勝利した者が総取りしていくということが保障されたものだからです。

これがグローバリゼーションの基本原理ですが、その論理は最強国にとって非常に有利なものとなります。自由主義経済に価値を置き、自由主義を唱え、自由貿易を唱えるのは、常に経済的な最強国です。つまり、現在の世界の経済原理は東西冷戦に勝利したあとのアメリカの価値観に基づいているのです。

グローバリゼーションはアメリカ的価値観の象徴？

アメリカ優位の世界では、アメリカの価値観が世界中で押しつけられます。その価値観の一つがグローバリゼーションです。アメリカの経済学者ジョセフ・E・スティグリッツは、自由貿易を求めるアメリカ的価値観の押しつけという問題について、次のように語っています。

コギト・エルゴ・スム◉ラテン語で、「我思うゆえに我あり」の意。17世紀のフランスの哲学者デカルトが第一原理とした命題。どんなにすべての事象を疑っても、それを考える私自身の存在だけは否定できないという原理。こうした自我の明晰性を根源とした論理は、近代合理主義の出発点となった。

貿易の自由化を擁護する人々は、自由化が空前絶後の繁栄につながると信じている。彼らは先進諸国に門戸開放を求める。途上国からの輸入を受け入れ、市場を自由化し、商品サービスの流れを妨げる人為的な障壁を取り払い、グローバル化にこの世の春を謳歌させるべきだ、と。しかし、グローバル化をめぐる議論の中でも、貿易の自由化は最も意見が分かれる部分だ。たとえ効率性の向上と成長の拡大がもたらされるとしても、賃金の低下、失業率の上昇、国家主権の喪失など、負担をせまられるコストのほうが重いという見かたが、現在では主流となっている。(『世界に格差をバラ撒いたグローバリズムを正す』)

アメリカの価値観、それも富裕層の持つ価値観の押しつけは、当のアメリカ国内でも労働者階級の人々から多くの不満の声を呼び起こしています。

そしてグローバリゼーションに対しては、このシステムが導入されることによって不利益を被る世界中の人々から、怒りの声が上がっているのです。その状況について、スティグリッツはさらに以下のように述べています。

アメリカの工場労働者は、中国との競争を、雇用に対する脅威とみなした。いっぽう開発途上国の農業労働者は、アメリカから輸入される補助金漬けのトウモロコシを、雇用にたいする脅威とみなした。ヨーロッパの労働者は、長い年月をかけて勝ちとった労働者保護のしくみが、グローバル化の名のもとで危機にさらされていると解釈した。AIDS問題の運動家は、新たな貿易協定によって薬の価格が上がり、世界各地で治療がとどこおっている現実を目撃した。環境問題の運動家は、自然遺産保護のために規制をかけるという数十年来の努力が、グローバル化によって台なしになっていくのを実感した。独自の文化遺産を守り育てたいと望む人々も、グローバル化の侵略を目の当たりにした。これらの反対者たちにとって、グローバル化が――少なくとも経済面では――最終的に全人類の利益になるという議論は、受け入れがたいものなのだ。（前掲書）

強い者の主張だけが通る世界においては、世界中から反発が出るのは必然です。アメリカが世界で唯一の超大国であるために、世界の経済ルールを決め、グローバリゼーションを押し進めれば進めるほど、世界中からの反発は強くなっていく。これはアメリカ的価値観の一つである民主主義の危機に直結する問題です。

「分断」と「格差」の先にあるもの

「ファシズム運動論」などで知られる政治学者の今中次麿は、政治体制、とくに民主主義というシステムの研究を詳細に行った研究者です。そして今中は、民主主義にはさまざまな形態のものがあると述べています。民意の選び方によって、いくつもの民主主義があり、唯一無二の民主主義があるのではないという点を強調しています。このことは非常に重要なことであり、私たちはそれぞれの民主主義形態を尊重する必要について考えるべきです。

大国によるグローバリゼーションの推進は、国家間の分断と対立を深める。Photo by 123RF

現在の我々が民主主義と言っているのは、いわゆるアングロ・サクソン型の自由民主主義です。それは先ほども述べたように、アトム的な個体を中心として成立する民主主義です。この民主主義はグローバリゼーションとも相性が非常によく、新自由主義とも親和性があります。

そうすると、グローバリゼーションが民主主義に与える一番大きな影響は何かというと、繰り返しになりますが、アメリカの内在的論理が優位になるということです。競争原理に従って、世界の最強国、アメリカの価値観が優位になる。今あるところの格差問題は、新自由主義とグローバリズムによって拡大していく方向に向かいます。

格差がどんどん拡大していけば、国内では貧困層の人々のフラストレーションが高まり、大小さまざまな抗議運動が展開され、国家の安定したシステムが揺るがされ、大混乱に陥る危険性が高くなるでしょう。

また、国と国との外交関係から見ても、経済的に強い国の主張を経済的に弱い国が常に聞かなければならないのであれば、経済的に弱い国の不満が溜まっていき、さらなる国家間の対立問題を生み出していく。それが深刻なものとなれば戦争の危機にも至ります。格差問題はそれほど大きなものなのです。

いずれにせよ、アメリカが民主主義の名のもとに、グローバリゼーションを推し進めていけばいくほど、国内の階級間の分断と対立が強まるだけでなく、国家間の分断と対立が強まっていくでしょう。

この問題に対して、アメリカという国が自らの問題点と真剣に向き合い、早期に解決策を見出していく必要があります。それだけでなく、日本に住んでいる私たちもアングロ・サクソン型の民主主義だけを民主主義と考える偏見を打ち捨て、さらには民主主義とは何かという点について、もっと真剣に考えていく必要があります。

CHAPTER-3
3

気候変動、テロ、移民……グローバル化に関わるリスク

グローバル化が生み出す三つの危険

基本的にグローバル化というものは、西側の先進資本主義国の、より正確にいえば、アングロ・サクソン型のシステムに従うことです。このシステムは、新自由主義的なモデルであり、社会にどれだけ格差が広がろうと構うことなく、経済的自由を最優先するものです。そして、このシステムがもたらす問題は経済の問題だけに留まるものではありません。

まず、大きな問題として、これまでも繰り返し述べてきた格差の拡大があります。この問題は先進国でも起きていますが、それ以上に、ひどい状況になっているのが途上国です。前出のジョセフ・E・スティグリッツは、この点についても以下のように述べています。

先進国では、社会の格差を埋めることを目的に、政府が老齢年金、障害者給付、健康保険、生活保護、失業保険などの制度を提供してくれるが、途上国は往々にして政府も貧しいため、社会保険プログラムを実行する余裕などない。なけなしの財政資金は多くの場合、基礎教育や医療やインフラ整備に注ぎこまれる。独力で対処しろと突き放された貧困者は、

海外との競争によって経済や雇用が悪化すると、当然その影響をもろに受けてしまうわけだ。（前掲書）

さらに、グローバル化は格差の問題だけではなく、経済発展至上主義に基づく気候変動の問題、国際テロリズムの問題、移民問題も生み出しました。この項では、グローバル化によって増大する、国境を越えて負をもたらす三つの問題についてお話ししたいと思います。

気候変動がもたらす国家間のズレ

まずは、気候変動の問題です。オーストリアのヨーロッパ持続可能性調査研究所の研究員ジル・イェーガーは『私たちの地球は耐えられるのか？――持続可能性への道』で、「地球のシステムは、世界を覆う環境因子によって影響を受ける。（…）気候変動はずばぬけて重要な未来の環境問題とされ、ほとんど毎日、新聞の記事として取り上げられている。目下、発生している異常な気候変動は、人間によってもたらされたものだ、という証言に逆らっている科学者は、ほんの一握りにすぎない」と語っています。この問題もグローバル化の影響を大きく受けて起きたものです。

要するに、最強国であるアメリカ並びに先進諸国が地球環境、生態系を壊滅的に害するほどの開発を直接的、間接的に推し進めた結果、起きたのが気候変動です。

基本的には欧米の先進諸国が引き起こした問題なのですが、なかでも特にアメリカはグローバル化という言葉を用いて、全世界に責任を転嫁しています。

CO2の排出や大気汚染、水質汚染、ゴミ処理などの問題を、豊かな先進国が貧しい途上国に押しつけることで、自国の環境があたかも健全であると思い込んで自己完結している状況を「**オランダの誤謬《ごびゅう》**」といいます。自国の自然環境の負債を第三世界に押しつけておいて、「我が国の環境問題への取り組みは成功している」と胸を張るのは非常に滑稽な話です。

この「オランダの誤謬《ごびゅう》」は「環境負荷の外部転嫁」とも言い換えられますが、とにかく気候変動の根本的解決につながることはなく、単に自分たちだけよければいいという政策です。そして、富んだ国が貧しい国にマイナス要因となるものをすべて移動させるため、貧しい国の環境問題は悪くなる一方となります。

帝国主義国が地球生態系すら壊してしまって、資本主義の基盤を壊すところまで進めてしまい、そのツケを全世界に回しているという構図が端的に現れたものが、気候変動問題です。この問題に対して、破壊したもの自身が全責任を負うべきではないのかというのが、**グローバルサウス**の国々の主張です。

ちなみに厳密にいうと、グローバルサウスというのは間違った言い方です。なぜなら、サウスという言い方には、ネーションの壁が含意されているからです。サウス国々においては人、物、金の移動が自由ではない。つまり、グローバルではないのです。

オランダの誤謬◉オランダなどの先進国において、環境に与える負荷が国内だけで完結していると考える誤り。環境に与える影響を途上国に回すことになり、その影響は世界的に決して減らないのが定説であり、先進国の環境に対する思考の誤りを指摘したものである。

ですから、グローバルサウスという概念で括《くく》ること自体がじつは成り立ちません。グローバルサウスではなく、あえて表現すればサウスインターナショナルです。サウスは一つひとつの国家の集合体で、インターナショナルなのです。

グローバルサウスという概念で南側の国々すべてが共通の利益で動いていると考えると、間違えてしまいます。たとえば、二〇二四年六月のイタリアでのG７の外相会合に、インドをはじめとするグローバルサウスのいくつかの国が招待されましたが、行くには及ばないという形でほとんどの国に拒否されました。それこそが、G７諸国といわゆるグローバルサウスとされる国々の考えがまったくズレていることの証《あかし》です。

国際テロリズムの内在的論理

次に、国際テロリズムの問題に移りましょう。

国際テロリズムを実行するそれぞれの組織には、共通の構造や価値観がある場合があります。特に、アルカイダとイスラム国は、既存のネーションステートを認めていないという点で一致しています。

二〇二四年三月にモスクワ郊外のクラスノゴルスクで起きたテロに対して、イスラム国が犯行声明を出し、多くのメディアではアフガニスタンを拠点とする「イスラム国ホラサン州」がテロに関与したと報じました。彼らは既存のネーションステートの単位を認めていないために、西側諸国が決めた国境を認めず、それをやすやすと越えてテロを行ったわけです。

グローバルサウス◉インドやインドネシアなど、おもに南半球にある経済成長が著しい新興国のこと。

つまりは、彼らもグローバルな存在なのです。この点からいえば、国際テロリズムというのは間違いで、「グローバルテロリズム」と呼ぶべきなのです。

そういう点から見ると、アメリカ的な新自由主義と、アルカイダやイスラム国は、グローバリズムという観点において、その構成的特質が非常に似ているといえます。

新自由主義においては、人、物、金が国境を越えてグローバルに移動しますが、イスラム国の「テロ＝暴力」も国境を無視してグローバルに展開されるのです。

このことと関係して、ジャン・ボードリヤールは『パワー・インフェルノ』において、「(…)テロリズムは文明の衝突でも、宗教の衝突でもなく、イスラムもアメリカもはるかに超越した行為なのだが、目に見える対立と力による解決という幻想をもちこむために、イスラム対アメリカ等々の構図に抗争の焦点が合わせられようとしている」という指摘を行っています。ここでは、問題を二項対立化することでまとめ上げようとすることの問題点も明確に指摘されています。

テロ集団には国境も国家もありません。したがって、国家がないものから奪い取ったり、正したりすることはできません。だからこそ、イスラム国やアルカイダなどの組織を従来型のインターナショナルの視点で考えてしまうと、彼らの内在的論理を見誤ることになります。

深刻化する移民問題

三番目の移民問題に移りましょう。この問題に関しては、移民には二通りのものがあることをまず理解しなければなりません。

一つは政治的な抑圧が厳しいので、自国を出て他国を目指す移民。これはネーションの枠の中、つまりインターナショナルな移民です。それに対して、他国のほうがお金が稼げる、経済状態がいいからということで移っていく場合はグローバルな移民です。

表面上の現象において同じ移民であっても、それがグローバルな要因で生まれているか、ネーションの論理で生まれているかで大きく意味が違ってきます。

両者が混在している場合もありますが、これだけ移民問題が深刻になってきたのは、グローバルな移民がおもな原因です。とくにヨーロッパにおいては、きつくて汚くて危険な労働、いわゆる3K労働にヨーロッパにもともといた人たちは従事せず、移民の人たちが代わりに担っていることが多いのです。

少し視点を変えて考えてみましょう。東ヨーロッパからの移民と中東やアフリカからの移民は、まったく異なる状況にあります。東ヨーロッパからの移民には熟練工が多く、たとえばイギリスのブレグジット（EU離脱）は基本的に熟練工問題と深く関係していました。ポーランドやハンガリーから来た水道工、電気工事士といった人たちの腕のほうがよく、低賃金で働くため、イギリスの配管工や電気工の仕事がなくなるという不安が大きくなり、そこからEU離脱が起きたのです。それに対して、中東やアフリカから来た人たちは、清掃作業や建築現場などで身体を使って働く人々です。

ブレグジット◉イギリスのEU離脱。ブリティッシュ（British）とエグジット（exit）からなる造語。イギリスでは2016年6月にEU離脱を問う国民投票がなされ、僅差で離脱派が勝利。2020年に完全離脱がなされている。

ヨーロッパの移民問題は、移民が入ってきた当初の一九六〇年代、一九七〇年代ではなく、どうして今、深刻化しているのでしょうか。移民の第一世代は、言葉も不自由だし、しっかりとした教育も受けられていないので、働いても低賃金という、劣悪な環境に置かれていました。それでも本国と比べればずっと良い暮らしができるので、なんとか我慢してきたという事情があります。

たとえばアメリカでは、ケニアの移民の子どもが大統領になることができます。ヨーロッパではおそらくできません。第二世代はフランス語なり、ドイツ語なりを完璧にマスターし、高等教育を受けていても、もともといたフランス人やドイツ人と同じようなエリート職に就くのは難しいと私は思います。

能力は同じなのに、肌の色の違いから、よい職に就けない。宗教の違いからエリート職に就けない。そうすると、知的に能力のある人々が不満を持つようになる。

第二世代は、自分たちが置かれた状況を理論化して、イスラム国の理念に共感し、そのテロリズムに感化されるわけです。だから、今フランスやイギリス、ドイツなどで移民問題が深刻化しているのです。

先進国の少子化と移民政策

移民問題を深刻化させないためには、シンガポールやイスラエルのように一世代で追い出してしまう方法があります。この方法をとると移民は定着しません。単なる出稼ぎとなります。

それは、出稼ぎ移民という社会構成体をつくっているといえます。しかしそこにはモラル的な疑問が生じます。外国から来る人間に、いつまでも低賃金かつ不衛生で危険な労働をさせて、自分たちはそこから逃げている。これは倫理的かつ人道的に正しいといえる行為でしょうか。

資本主義のグローバル化でいちばん大きな論点は、移民問題です。経済発展した先進国は、少子化を阻止することはできません。

どうしてかというと、女性が高等教育を受けると、十六歳ぐらいで結婚して子どもを五、六人産んで、家事労働中心で一生を終えるという生活を選択しづらくなるからです。これは、エマニュエル・トッドが言っているように、不可避的なことです。

そうなると、今の経済水準を維持するためには移民を受け入れざるを得ないでしょう。戦争や内乱で極端に荒廃しない限り、現在の利便性のある生活を一度覚えたら、そのレベルを落とすことはできません。ですから、日本も移民を受け入れることは不可欠なのです。

ただ、それをどのように受け入れるかの選択肢はあります。選択の仕方によって全然違う方向に向かいますが、そのグランドデザインを日本はいまだに描けていません。怖いから目をそらし、思考を停止させているのです。

それは国内の右派からの反発も大きな要因でしょう。「日本では基本的に移民がいない」という建前になっていて、移民に関する権利や義務に関するルールがなく、きちんとした議論もされていない。それが日本において、移民問題を考える上で大きなネックになっていると私は思います。

現在、東京周辺でも、埼玉県川口市にクルド人や中国人がまとまって住んでいたりして、それが地域問題として深刻化しつつあるというニュースを耳にします。地方自治体も全力で対応しているのでしょうが、規範となる移民に対するルールがそもそも存在しない以上、根本的な解決はできません。

家族構成の違いから生まれる対立

第一世代と第二世代の問題でいうと、たとえばフランスでは、一九八〇年代にベトナム人の第一世代の親が一生懸命働いて、第二世代の子どもたちをエリートに育てようとした。それらの子どもたちは絶対政治家になれないから、親世代は自然科学の分野にどんどん子どもを進学させていきました。それによって一応エリートとしてお金を稼げるようになったのですが、この点はイスラム教国出身の移民とは大きく異なります。

ベトナム人は自己抑制をしていて、活動の場を科学の分野に限定することで、フランス人としての同等のメンバーシップを目指すことを諦めていると私は思います。政治家にはなれないので、最初からベトナム人は自分たちが二級市民であることに甘んじているのです。

しかし、アラブ人たちはそういうことを認めません。なぜなら唯一の神・アッラーの前ではみな平等であるからです。社会学者・地理学者の内藤正典は『イスラーム戦争の時代』で、フランスのイスラム系移民に関して、「(…)差別を受ける側は、差別の原因が、自分個人に何か問題があるからだとは絶対に認識しない。差別が『個人の問題』とは認識するはずがないのである。自分の肌の色(人種)、出自の民族、あるいは自分の信仰、出身国などによって、集団的に差別されたと考える」と書いていますが、実際こういった意識によって、彼らは反発しているのです。

ベトナム人の場合は、男性中心の直系家族の秩序の中にあるので、常に重要なのは兄か弟です。だからフランスにいて、フランス人が兄貴分で、我々は弟分だという認識を持っていて、その階層秩序の中に自らを位置づけている。それはエマニュエル・トッドが言っているように、家族類型の違いが大きく影響していると考えられます。

ところで、戦前の日本の大東亜共栄圏という発想がどうしてうまくいかなかったかといえば、たとえば中国に対して、自分が兄貴分で中国は弟分であると考えたからです。直系家族制度を持つ日本がそのように思っても、共同体家族制度の中国はそのような考え方は受け入れられないのは当然です。

他方、日本が戦後アメリカの言うことはなんでも聞くようになったのはどうしてかというと、自分がアメリカの弟分だと決めたからです。直系家族制度の人たちの政治的なメンタリティは、

大東亜共栄圏◉太平洋戦争中に日本政府がアジアの欧米植民地諸国を解放し、共存共栄を目指した政策及びその対象地域。
共同体家族制度◉父権的で、親元に子どもが住み続け、相続も平等に行われる家族制度。

自分は弟分と決めてしまえば、そこで兄貴分に従うということになってしまいます。アメリカにいる日本人も韓国人も、基本は直系家族制度の文化ですから、アメリカにおいて二級市民であることを受け入れてしまっています。

それに対して、イスラム系の人はそれを絶対に受け入れません。やはり、アッラーの下ではすべての人間は平等だと思っているからです。

こういう点からいっても、イスラム圏から来た移民の人たちに対しては、システム全体を転換しないと対応できません。彼らの要求は当然のものです。なぜなら、宗教が違って肌の色が違うだけで、明らかに能力は同じにもかかわらず、天井がある、つまり社会的地位の限界点があるからです。

そういう不満が積もり積もって、暴力的に爆発してしまう。だから、社会的ステータスが向上できるように、細くてもちゃんと回路を残しておかないといけないと私は思います。うんと細い回路でも残しておけば、その細い回路に向けてみんな競争するからです。その回路がほとんどないというのがヨーロッパの問題で、それが原因でテロなどの爆発が起こるのです。

そのヨーロッパ、フランスで二〇二四年七月に実施された国政選挙で、極右政党の国民連合（RN）が多くの支持を集めましたが、そこにも移民問題は深く関わっていました。

二〇一五年にパリで起きた同時多発テロ以降、イスラム教系の移民に対しては冷たい目が向

2024年7月、仏国民議会選挙の第1回投票で、極右政党「国民連合（RN）」が大きな支持を集めた。しかし、その後は大きなうねりとはならず、最終的に3位にとどまった。Photo by EPA＝時事

けられてきました。そしてフランス人の意識の中に「イスラム系移民は過激なテロリストである」という意識も高まっており、それが国民連合への大きな支持に繋がりました。

最終的には国民連合は3位に転落したものの、こういう空気のなかでフランス人、ヨーロッパの人々とイスラム系の移民が今後歩み寄って、互いに理解していくためには、両者が共に大きな努力をしていく必要があります。

とはいえ、この問題は対岸の火事ではありません。移民問題は欧米諸国だけの課題ではもちろんなく、これからの日本にとっても見過ごすことのできないものになりつつあるということを、私たちは今一度、認識しておかなければならないと思います。

CHAPTER-3
4

「マルチチュード」とグローバリゼーション

マルチチュードが内包するテロリズム

イタリアの哲学者アントニオ・ネグリと、アメリカの哲学者・比較文学者のマイケル・ハートが『帝国』の中で語っているマルチチュードは「多様性」「複数性」などとも訳されますが、もともとはスピノザが提唱した概念です。このマルチチュードの概念について、ネグリとハートは（体制への）否定的な力であり、闘争であるとして、次のように語っています。

それらの闘争は、みずからの構成的プロジェクトを表現し、育み、積極的に発展させるものでもある。言いかえるなら、それらは、諸々の強力な特異性からなる配置を形成しながら、生きた労働の解放に取り組むのである。（『帝国』）

グローバル化が世界を侵食していくなかで、マルチチュードは近年いっそう注目されるようになりました。しかしながら私は、マルチチュードの中にはテロリズム的要素が多分に含まれていると考えています。マルチチュードというものは群衆の主体がいくつか結合されているも

マルチチュード◉哲学者のネグリとハートが、スピノザの言葉をもとに著書『帝国』で展開した、グローバルな世界の中で生きる新しい労働者たちを意味する言葉。かつての資本主義に対抗するプロレタリアートに代わって、グローバルな「帝国（アメリカが代表）」の中で体制に対抗する民衆たちを指す。

のですが、集合主体だけでは、強大な世界システムである「帝国」は崩れません。となると、ポイントになるところを個別撃破していく手段を取らざるを得なくなります。まさにそれはイタリアの極左テロ組織「赤い旅団」の思想的指導者の発想で、テロリズムの思想が内包されているのです。

イギリスの歴史学者チャールズ・タウンゼンドは『テロリズム』の中で、「テロリズムは人々を動揺させる。しかも計画的に動揺させる。それが重要な点であり、だからこそテロリズムは、この二一世紀初頭に、これほどまでわれわれの注意を奪ってきたのである。人々の不安感はさまざまな形態をとるが、テロリズムほどわれわれの脆弱性をかくも鋭く揺さぶるものはない」という指摘を行っています。ネグリとハートが寓話的に語っている事柄は、この指摘を聞けば、まさにテロリズムの思考であると私は思います。

アメリカの政治学者エリカ・チェノウェスが著書『市民的抵抗――非暴力が社会を変える』の中で「ある国の人口の三・五％が非暴力で立ち上がれば、社会は変わる」と語っていることに基づいて、東大准教授の斎藤幸平らは「三・五％の人間が街頭に出れば体制が変わる」と語っていますが、その発想は論理が転倒しているといえます。

権力がすでに崩壊しているからこそ人口の三・五パーセントが街頭に出て抗議行動ができるのであって、三・五パーセントの人間が街頭に出て抗議すれば社会システムが変わるということではありません。イデオロギーコントロール装置がしっかりと機能していて、警察や軍隊が健在であれば、そういう現象は起きないからです。

日本の三・五パーセントというと、総人口を約一億二〇〇〇万人と勘定すれば、四三〇万人ぐらいです。四三〇万人が街頭に出て抗議行動するのはたいへんな話です。警察の力が問題なく働いていて、イデオロギー・コントロールが正常に機能していれば、絶対に起きません。

例を挙げれば、ジョージアのバラ革命や、ウクライナのマイダン革命、キルギスのチューリップ革命、あるいは、フィリピンのマルコスの失脚など、こうしたことすべては、国家が事実上崩壊している場所で起きたことです。国家体制の弱体化や、権力基盤が大きく崩壊していなければ、三・五パーセントの市民がデモを行っても体制に何の変化も起こりません。だから、エリカ・チェノウェスや斎藤幸平らの議論は本質的に間違っていると私は考えるのです。

SEALDsが衰退した理由

少し前にSEALDsという学生組織が話題になりましたが、この組織を説明することは非常に簡単な話です。無知な学生が大騒ぎするのを指導した数人の学生が、学力的には本来入れないレベルの大学院に入れるようになったというだけだと私は思います。

とりあえず騒ぎ立てて目立つことでマスコミの注目を浴びる。そのことでSEALDsのトップの連中の一部は一流大学の大学院に進めて上昇願望を満たし、将来の研究者としての地位を獲得しました。

しかし、それ以外の運動に参加した末端の学生は雲散霧消しました。むしろ、SEALDsの運動に参加したことで、勉強もまともにせず、高等教育レベルの知識が身につきませんでし

た。昭和の時代に学生運動をやった人間の逃げ場所は、かつては大学教員や公務員、それにな
れない人間はマスコミが受け皿になりました。SEALDsの末端の構成員は勉強が不足して
いるから、民青（日本民主青年同盟）などの政治団体に取り込まれてしまいます。

結局、あの運動には責任主体がありませんでした。責任主体がなくて、バラバラな部分で動
いていた。そうであったから個別利益を追求する方向に行くだけでした。こういう視点から見
ていたので、私は最初から彼らに非常に冷ややかな目を向けていました。

マルクス主義の影響を受けた私は、組織やセクトというものがどういうものかをよく理解し
ています。たとえばオルグ（組織化運動）の仕方から、強力な組織力とは何かということや、
そうした組織の行動原理もです。それはSEALDsの動きとはまったく違うものです。政治
学者の田中宏和は『SEALDsの真実』の中で「国民の中のマジョリティである無党派層は、
昨年夏（注：二〇一五年の夏）、憲法学者を支持したけれどもSEALDsを支持しなかった。
なぜかと言うと、SEALDsには国民が耳を傾ける言葉がなく、言葉が貧相で、政治の説得
力がなかったからだ」という発言をしています。

SEALDsに対して、公明党や創価学会も非常に冷ややかだったように私には見えました
が、その感覚は私の感覚と近いものでした。正直に言って、かわいそうというのが私の感想で
す。あそこの幹部をやっていた若者たちは幸せになっているように見えません。全共闘からは
科学史家・自然哲学者の山本義隆なり、あるいはブントだったら哲学者の柄谷行人なり、評論

全共闘◉全学共闘会議の略称。1968年から1969年に全国的に起きた大規模な学生運動の主体。
ブント◉日本の左翼系市民団体。1958年に結成され、1970年ごろまで存在していた。

家の西部邁なり、いろいろな才能の人が出てきたけれども、ＳＥＡＬＤｓからは社会、思想的に影響を及ぼすような人間は今のところ誰も出てきていません。もともとその力もなく、思想もなかったということではないでしょうか。

しかし、こうした現象はナショナリズムという視点から見れば、よく理解できます。ソ連の歴史を見ても明らかなように、二級の文化エリートが自分のポジションを変えようとするとき、ナショナリズム運動は非常に便利に使える装置となります。

どういうことかというと、国会議員になるには選挙に通らないといけません。編集者になるには、出版社に入って編集の訓練を積まないといけません。それで、少なくとも本を出して、損益分岐点を超える本をつくれなければ、淘汰されていきます。また、弁護士になるには司法試験に合格しないといけません。ではナショナリストになるにはどうすればいいか。単に「愛国」を叫べばいいだけです。数年前の日本にも、外国人排斥を訴え、騒ぎ立ててナショナリズム的な本を書き、それが爆発的に売れたことによって、無視できない政治的プレーヤーのポジションを獲得した人物がいました。彼は排外主義的なアピールを叫ぶことによって、自らの社会的地位を高めることに成功したのです。

ＳＥＡＬＤｓにもそういう側面がありました。口汚く政府をののしることで自分の社会的地位を上昇させようとしました。この点を見れば、ＳＥＡＬＤｓの幹部は合理的に、自分の地位向上に政治運動をうまく利用できたといえるでしょう。

流動化した状況下での政治活動家は、きわめてビジネス色や上昇志向の強いものになります。流動化というのは、もともといた既存のエリートの力が機能しなくなったときに起きます。そのときは、極小の力で最大の成果が発揮される場合があります。そのことに気づいたという意味では、ＳＥＡＬＤｓの幹部たちは非常に戦略的だったと思います。

しかし、ＳＥＡＬＤｓの運動自体は、権力側から見れば何の影響もないものでした。共産党のように組織化された約二八万人の党員がいる組織とは異なり、烏合の衆のような組織は権力側の脅威にはなり得なかった。だから公安警察も公安調査庁も、彼らのことはほとんどスルーしていました。もっとも共産党がそれをどう利用するかについては注視していましたが。

ＳＥＡＬＤｓの唯一の功績は、平成の時代に権力と戦い（それは非常に表層的なものであったが）、学生運動を（きわめて粗雑で劣化した形ではあるが）ノスタルジックに再現した点ではないでしょうか。これは本書の編集者の一人であるSさんに聞いた話ですが、今の六十代、七十代、八十代のかつてマルクス経済学を大学で教えていた教授たちは、ＳＥＡＬＤｓに好意的だったようです。若い世代が政治に興味を持ち、拙いながらも反政府運動を行っている。それだけで、かつての左翼だったおじいちゃん、おばあちゃんたちは、ＳＥＡＬＤｓの若者をかわいく思ったらしい、というのです。

個人的には、そのような情緒的な感情は何の役にも立たないばかりか、ある種の老害として悪影響をもたらすだけだと思いますが、そこは読者の判断に委《ゆだ》ねたいと思います。

CHAPTER-3
5

グローバリゼーションで教育はどう変わる？

日本の教育のグローバル化

今の日本の教育の現状を見れば驚くべきことですが、戦後すぐから一九七〇年ごろまで、日本は非常に教育に力を入れていた国でした。

『格差社会と教育改革』に掲載されている社会学者の苅谷剛彦と政治学者の山口二郎の対談で、苅谷は戦後すぐの日本の教育について、「お金もない、人もいない焼け野原のところから突然、中学校まで義務教育にしてしまうのです。ヨーロッパでさえ中学校までの普通教育を義務教育にしていない時代ですから、これは非常に先進的な制度でした」と語っています。

さらに「一九七〇年代頃まで、日本は先進国のなかで、国家予算やGDP当たり教育に相当お金をかけた国だった」とも語っています。つまりこの時期の日本は、国が教育に対して責任を持ち、よりよい社会を実現するために教育に力を入れるべき、という意識が高かったのです。

しかし、一九九〇年代以降に世界中で、経済におけるグローバル化がアメリカ主導のもとで進められ、この大きな波は世界中を覆いつくしました。それによって経済の自由化が起こっただけではなく、小さな政府が叫ばれ、さまざまな分野で、国の影響力を最小限にする方向で政治や経済が動いていきました。

教育の分野でもグローバリゼーションの影響は避けられないものでした。先進国の中でも有数の予算を教育費に当てていた日本政府も、教育予算をどんどん削っていきました。経済学者の橘木俊詔の『日本の教育格差』には、二〇〇九年の統計に基づいた、「（…）ＯＥＣＤ諸国のなかで、日本の教育支出は対ＧＤＰ比三・三％となっており、トルコに次いで下から二番目の低い数値である。国家や地方政府は教育費用を満足に負担しておらず、家計に大きく負担させていることがわかる」という記述があります。

日本の現状を見ると、一九七〇年以前の教育政策の面影はまったくありません。教育への助成金はカットされ続け、特に大学への助成金は極端に少ない現実があります。

前出の橘木は文部科学省が二〇〇九年に示した「教育安心社会の実現に関する懇談会」の報告書に基づき、アメリカ、イギリス、ドイツ、フランス、日本という主要先進国の高等教育に対する公的教育支出金を比較して、「大学などの高等教育段階において、日本の公的教育支出額が四六八九ドルであり、他の四カ国よりもはるかに低い額になっている（…）。すなわち、アメリカ、イギリス、ドイツ、フランスともに九〇〇〇ドルを超えているのに対して、日本は半分程度の額しかない」と述べており、教育の意義を日本政府がかなり低く見積もっていると言われても仕方のない結果となっています。

日本の大学生の学力のレベルが意味するもの

二〇二四年六月二十四日の朝日新聞で、中教審で慶應義塾大学の塾長である伊藤公平が国立大学の授業料を年間一五〇万円にすべきだと発言したと書かれていました。この発言はさまざまな方面の人から顰蹙《ひんしゅく》を買い、そうとう批判されたようです。

もし国立大学の年間授業料が一五〇万円になり、私立大学の年間授業料が五〇〇万円になれば、日本の大学進学率はかなり落ちると思われます。四年間で二〇〇〇万円――それだけの金額を払える保護者はそれほど多くはないはずです。いくら奨学金制度を充実させても、学生全員が奨学金をもらえない以上、高等教育に対するブレーキが自然にかかるでしょう。そうなれば、時流に乗れない大学は職業訓練所になっていかざるを得ません。

ところで、大学生の学力レベルの低下が現在、強く叫ばれています。関西の同志社大学や、関東の早稲田大学や慶應義塾大学といった有名私立大学ですらそうらしいのですが、真面目に勉強する学生とそうでない学生の学力差が著しく違う状況が見られます。真面目に勉強しない学生の学力は、中学三年生レベルぐらいという例も珍しくないと私は見ています。これが日本の教育の現実なのです。

日本において日常生活に必要な知識は、親が子どもの勉強の面倒をあまり見られなくなって、塾に通わせはじめる小学四年生くらいまでに獲得されるといわれています。裏を返すと、日常生活は小学校三年生までの知識でできるということになる。だから極端な話、小学三年生レベ

メリトクラシー◉個人の能力によって社会的地位が決まり、能力の高い者が統治する社会を目指そうとする思想。

ルの知識があれば、なにも無理して中学や高校に行くことはなく、まして大学になど行かなくても生きていけるということになります。

グローバリゼーションによって国内外の経済的な格差が拡大すると、低学歴社会に向かっていくことになります。なぜなら、親の収入の格差が広がり、低所得層の子どもたちが十分な教育を受ける機会が減るからです。

日本の場合、学歴と収入が全然見合っておらず、その点も問題となります。大学を卒業しても、高卒の人とそれほど生涯賃金が変わらなかったりする。グローバリゼーションに合わせていくのであれば、大学の数を絞り込まなければいけなくなり、大学が淘汰されていくことになります。こうした淘汰が起きると、有名大学に入って卒業した人の希少性が高まり、生涯所得が高卒の人の数倍になる可能性があります。それはまさに、アメリカ社会のようになるということです。先ほど紹介した慶應義塾大学の塾長の発言は、そこを目指していこうという意図があったようにも思われます。

アングロ・サクソン型の教育システムの特徴

グローバル化による経済格差の拡大は、アメリカ型メリトクラシー、つまり能力主義と結びついたもので、いわゆる学歴と経済力が比例していくという現象を示しています。それとともに、アメリカの人類学者のデヴィッド・グレーバーがいうブルシット・ジョブともつながって

ブルシット・ジョブ◉無意味な仕事。資本主義経済が発展を遂げてきたにもかかわらず格差は広がる上に、それなりの収入を得ている一般企業の社員でも長時間労働が減らない。その原因は、ブルシット・ジョブがあるからだとされている。

います。

グレーバーは著書『ブルシット・ジョブ』の中で、「ブルシット・ジョブとは、被雇用者本人でさえ、その存在を正当化しがたいほど、完璧に無意味で、不必要で、有害でもある雇用の形態である」と述べています。

すなわち、こうした仕事は、無意味であるが必要であるようにふるまわなければならない仕事です。グローバル化はブルシット・ジョブを大量に生み出していきます。


しかし、こうした経済構造は最終的には崩れていくと私は思います。その崩れる原因は、紛争と関係しています。端的に言うと、アメリカ型の大学教育では戦争に勝てず、物を生産することができないからです。逆に、ロシアのさまざまなシステムが見直されています。アメリカのＧＤＰの七パーセントしかない国が、ウクライナ戦争で西側連合と互角で戦っています。それはなぜかということが問題になっているのです。

第二次世界大戦以前、アメリカではエリートの棲み分けを行っていましたが、戦後は単線化を図りました。専門分野ごとの教育を行うと、専門化は進みますが、ジェネラリストはあまり出なくなります。多くの国では専門分野の中でいろいろと切磋琢磨していけばよいという発想で、ジェネラリストをつくるという発想はありません。

ところが、欧米型の教育ではジェネラリスト的なものを意図的に教育でつくっていこうとしました。こうした教育の単線化はアングロ・サクソン型の教育の大きな特徴です。

単線化◉それぞれの専門分野ごとに独立的に活動するのではなく、全体的で統一された活動が行われるしくみや制度にすること。

今こそ日本の教育システムを見直す好機

アングロ・サクソン的な教育システムではだめだと私は思っています。所得格差が広がる一方だからです。大学を卒業している人間と中学だけしか卒業していない人間との生涯所得格差はせいぜい三倍までではなければならないと思います。それ以上は再分配するというようなシステムが必要です。

ヨーロッパは基本的にそうです。だからヨーロッパは今も、イギリスでもドイツでもそうですが、みながこぞって大学に上がろうとしません。とくにフランスなどの場合は、大学よりも高等専門学校のレベルのほうが高いのです。

ロシアの大学制度も、エリート主義的ではありますが、レベルは非常に高く、入試は文系・理系を分けていません。口頭試問とペーパーテストを両方合わせてやります。

モスクワ大学の場合、四年制と五年制がありますが、四年制のモスクワ大学は、他の欧米の国の大学と互換性のある学位になっています。プーチンは去年の大統領年次教書演説で、教育システムを欧米型からデカップリング（切り離す）して、旧ソ連型に戻すと言っています。大学入試で直接入れる方法よりも、旧ソ連と同じように、一度社会に入ってから、勤勉さと学問が必要かどうかを見た上で、大学に入れるかどうかを決めるシステムにするというのです。

大学の構造を変え、高等専門学校レベルに工業高校のレベルを上げ、西側の大学の工学部を出たレベルの十七歳を三〇万人つくるという計画を立てています。

ソ連時代は高校までは完全に受動的な教育しか行わず、パターン暗記を徹底してやらせていました。大学から今度は物事を非常に考えさせるとともに、とにかく数多く書かせて、議論させる。大学を出て知的エリートになっても、給与は工場労働者とたいして違いません。

ソ連時代はむしろ大学を出たほうが生涯給与は安かった。労働者と農民の国だったので、大学を出ると政治家にはなれませんでした。だからソ連の歴代指導者で、きちんと大学を卒業したのはゴルバチョフなど、多くはいません。

つまり、旧ソ連は労働者と農民の国で、大学を出ている知識人というものに権力を握らせてはいけないというのが社会のコンセンサスでした。それゆえ頭がいい人は、頭がいいという形での社会的名誉を得るだけだったのです。政治家は、労働者、農民の叩き上げからつくるということになっていました。

金儲けをしたい人間は経済専門学校、知的エリートはそれに対応した大学、軍人は士官学校といった具合です。

こういう制度によって、エリートが分散します。特定の大学でトップになったから、その人間が総取りするというしくみをつくらず、複線のエリートをつくってそれで棲み分けさせるというやり方を採用しているのです。

戦前の日本はこれと同じしくみでした。東京帝大の流れもありましたが、陸軍士官・海軍兵学校、師範学校、高等師範学校、東京文理科大学という流れもありました。あるいは、商業高

戦後の日本で学歴と関係なく内閣総理大臣になった、新潟県出身の田中角栄。Photo by 時事

等専門学校（現在の一橋大学、小樽商科大学、神戸大学）という商学の流れがあり、工業専門学校（現在の東京工業大学）というコースもあった。どれが上、どれが下という感じではなく、エリートが棲み分けられていたのです。

しかし日本は戦後、アメリカ型の教育システムを採用し、ジェネラリストを育てる単線にしてしまいました。

リーダーはおのずから生まれてくると考えたほうがよいでしょう。無理やりつくったリーダーほどろくなものはありません。リーダーというのは自分が総取りするとか、そういうものではなく、リーダーとしての負担を自分に課して、ノブレス・オブリージュのような精神を持つ人間しかなれないと思

ノブレス・オブリージュ◉高い地位にある人は、それに応じた社会的義務を果たす行為をしなくてはならないということ。

います。グローバル化を推し進め、それによって総取りを目指す人間を優遇するような制度ではだめだし、よい教育システムもつくることができないと思います。

前掲書『格差社会と教育改革』の中で苅谷剛彦は日本の政策について、「(…)おしなべてアングロサクソン系の教育制度はうまくいっていません。これはアメリカ、イギリスが典型なのですが、教育制度が持っていた問題は根深かった」と述べて、アングロ・サクソン型の教育が失敗している点を強調しています。

日本がアングロ・サクソン型の教育システムをこれからもモデルとして推し進めれば、アメリカやイギリスのような失政を繰り返すことになるでしょう。今こそ、私たちは日本の教育制度について真剣に考える必要があります。

CHAPTER-4

第4章

ITは民主主義をどう変えるか?

代議制民主主義の根幹である選挙において重要なのは
いかにして投票の秘密性を守るかということ。
その点において、ネット投票の安全性には疑念が残る。
IT化やAIの問題点を佐藤優が鋭く突く。

CHAPTER-4
1

インターネット投票がもたらす危険とは？

インターネットを利用した選挙の現状

ＩＴ技術が大きく普及した現代、インターネットは経済、社会、文化などの分野で必要不可欠なものとなっており、インターネットを利用したシステムが数多く構築されています。

ＩＴ化の流れは、政治分野にも波及しており、日本でも政見演説などがインターネットを通して流されるようになりました。さまざまな政策や法案に対する意見を、与野党の議員がＳＮＳなどで発信し、それに国民が反応を示すといったコミュニケーションも行われています。

こうした流れの一環として、二〇〇〇年代初頭からインターネット投票（電子投票）に対する関心も高まりました。二〇〇一年十一月には、「地方公共団体の議会の議員及び長の選挙に係る電磁的記録式投票機を用いて行う投票方法等の特例に関する法律」が成立し、十二月七日に公布されました。二〇〇二年に発表された「ｅ－Ｊａｐａｎ重点計画――２００２」には、「電子投票」についての記述が盛り込まれました。

こうした政府の方針に引っ張られる形で、マス・メディアにおいてもインターネット投票が話題となり、多くのジャーナリストや学者たち、あるいは一般市民の間からもインターネット投票を実現していこうという声が上がってきました。しかし二〇二四年八月現在、日本がインターネット投票に積極的に向かっている兆しは見えません。

インターネット投票の課題は秘密性の確保

日本で、インターネット投票の発展を妨げているいちばんの要因は何でしょうか。意外に思われるかもしれませんが、この国の民衆の良識だと私は考えます。たしかにインターネット投票やオンライン参政権の導入により、選挙の効率化や選挙への参加者の増加が期待できるかもしれません。けれどもインターネット投票は、実施する組織によって簡単に票が操作されるというリスクを孕《はら》んだ方法です。実施にともなうセキュリティ上のリスクやプライバシーの問題を簡単に解決することはできません。

私は、日本においてインターネット投票の導入が進んでいないのは、悪いことなのではなく、むしろよいことであると思っています。ときおり、インターネット投票は選挙をより簡単にクリーン化するという意見を耳にしますが、その意見は根本的に間違っています。なぜかといえば、本来の〝選挙の自由〟というものを履《は》き違えているからです。

選挙の自由は、選挙の透明性にではなく、選挙の秘密性にあります。誰が誰に投票したかがわからないということに意味があり、それが保障されなければ、正しい選挙の形は壊れてしまいます。

もう一つ、インターネット投票の根本的な問題点を挙げておきます。それはインターネット投票の記録の保存性に関するものです。

地方選挙の電子化の専門家である河村和徳は『電子投票と日本の選挙ガバナンス』において、「(…)2003年7月20日投開票の岐阜県可児市議会議員選挙において、電子投票結果の記録の保存にトラブルが生じ、選挙の有効性が最高裁判所まで争われた結果、当該選挙が無効となった(…)」と記し、インターネット投票の記録の保存技術への疑問が湧き上がったと述べています。この事件以降、多くの地方自治体の選管事務局は電子投票の実施に慎重となりました。

「棄権の自由」こそが大事

思想・信条の自由の根本は、自分の内心を表明しなくてもいい自由が保障されていることにあります。個人の信仰告白を強制されないことが、近代的自由権の根本にあり、参政権においていちばん重要なのは、棄権できる自由があるということなのです。

選挙の自由という問題については、柄谷行人も『日本精神分析』の中でくわしい考察を行っていますが、棄権できる自由を無視して、単に投票率を向上させようとする国家の動きは、危険な方向に進んでいく可能性があります。

投票率が高い国が必ずしも民主主義的ではない、という例を挙げましょう。たとえば北朝鮮の投票率は一〇〇パーセント、旧ソ連の投票率は九九パーセントに及びました。アルバニアの投票率は一〇〇パーセントでしたが、かつて統一名簿に反対票が一票ありました。当時の独裁者の**エンヴェル・ホッジャ**の一票だろうといわれています。その統一リストに反対できるのはホッジャしかいないという逸話があったほど、国内で思想統制が行われていたからです。

このように、政府によって投票を強制されれば、必然的に投票率は上がるでしょう。国民の投票によって誰かが議員として選ばれるのであれば、その国を民主主義国家であるということも可能です。しかし、どれだけ投票率が高くとも、強いられた投票が行われている国のほうが日本よりも民主主義的であるはずはありません。

一方、投票率の問題性について、ジャーナリストの福田直子が『デジタル・ポピュリズム――操作される世論と民主主義』の中で、「投票という行為自体、エモーショナルな行動であるという。たとえば天気が悪い日は投票率が低いという傾向がある。では、投票率が低い場合も充分に民意が反映されたといえるのかどうか」という意見を述べています。

私は、むしろ投票率という問題に政治のすべてが集約されてしまうことのほうが非常に危険なのではないかと考えます。

今の日本で交わされている選挙についての議論は、方向性が間違っているのです。選挙の秘密性を絶対に確保すべきなのに、それを無視して電子化などされたら秘密が確保できるかどう

エンヴェル・ホッジャ◉アルバニアの政治家（1908―1985）。スターリン批判に反対し、フルシチョフ政権のソ連との国交を断絶。1967年には無神国家を宣言し、宗教を持つことを国家犯罪とした。晩年は独裁色を強め、1985年に死去。その後、アルバニアでの共産党独裁体制は崩壊した。

かわかりません。データが残り続ける限り、秘密の漏洩リスクはなくなりません。アメリカのジョージタウン大学教授のメグ・レタ・ジョーンズは『Ｃｔｒｌ＋Ｚ　忘れられる権利』で「インターネットは外部記憶にとって不可欠な装置であると同時に、人々が新たなコミュニティに移り新しい自分を再構築しやり直すことを阻むものでもある。要するに、デジタル記憶は、過去を忘れることができないため、社会が過去を乗り越えることを妨げる」と述べています。

保存されたデータを正しく管理できるだけではなく、データをしっかりと消去できるという点も非常に大事です。それができなければ、一人ひとりの投票行動が追跡される危険性は消えません。さらにデータは紙と違い、シュレッダーにかけゴミとして燃やすわけにもいきません。確実に消去するためには、複雑な手続きと費用が必要にもなります。

あらためて確認のために書きますが、民主主義的選挙制度においては、投票権があっても投票を強制されないことが非常に重要です。見方を変えれば、選びたい候補者がいないから棄権するといった行動が許されている今の日本の選挙システムは、きわめて民主主義的といえます。投票率が増加しないのは、選挙システムの問題ではなく、選挙権を持つ人たちの意識の問題です。この点を勘違いして、投票率の上昇のためにインターネット投票の導入を安易に認めてしまえば、悲惨な結果を招くだけになるでしょう。

棄権の自由を担保すること。それこそが民主主義的な選挙にとって絶対的な要素です。この点を間違えてはなりません。

インターネット投票は導入すべきではない

以上の点を考慮して、私はインターネット投票を行う必要性はまったくないと考えます。無理にインターネット投票を導入すれば、機密性保持のために膨大な費用がかかるだけではなく、個人の権利までも侵害されるおそれがあるからです。こうしたリスクを冒してまで、インターネット投票を行う意味はありません。

情報学の専門家である西垣通は、『ネット社会の「正義」とは何か』の中で、「民主制社会では本来、こういった公共的問題についても、人びとが主体的に思考し、議論を重ねてボトムアップで結論をもとめていく、というのが建前である。だが、現実には、(…) 一部の『選良（政治家、官僚、ジャーナリスト、学者など）』がプロフェッショナルとして決定権をにぎり、一般の人びとは事実上まったく無力な状態におかれている」と述べています。その上で、ITという先進技術を使ったアプローチによって政治を民衆の手に取り戻すという趣旨のことも述べているのですが、ITに対して安易に信頼を預けることは、やはり秘密保持の点から不安が残ります。

以上のことから、インターネット投票は民主主義を発展させるよりも、むしろ阻害する要因を生むリスクが高いものであると私は感じています。

ボトムアップ 下から上に意見を積み上げていくやり方。「下意上達」ともいい、上から下に命令の形で伝達されるトップダウンという言葉の対義語である。自由度が高い組織で、有効な運営方法となる場合が多い。

CHAPTER-4
2

民主主義を分断しかねない「情報過多」

「重要な情報」と「ノイズ」の違い

インターネットの情報をもとに動くと、どんなことが起こるでしょう。もし政権与党がふだんからインターネット上の真偽不明な情報に振り回されていたら、国家政策を間違えてしまうでしょう。投資家があやふやな情報を信じて投資したら、大きな損益を出してしまう可能性があります。もちろん、偽情報にあえて乗っかって株価操作をする仕手戦を行うというのであれば、それは別の話ですが。

インターネットによって情報の信頼性が揺らぎ、情報過多となった現代ですが、危惧《きぐ》すべき最大の問題は、**パワーエリート**とそれ以外の人々との間で分断が起きることです。インターネットが普及したことで、情報に一喜一憂し踊っているだけの一般の人たちと、エリート層が切り離されてしまう可能性があるのです。

たとえば首相官邸の幹部はインターネットをほとんど見ていません。部下がインターネット上の情報から精査して上げてきたものだけに目を通します。官邸の中枢はネット情報を信用し

パワーエリート◉高度に発展した資本主義において、富が集中する特定の資本家階級。近年のパワーエリートの出現は貧富の格差の急激な増大を示している。

ておらず、ただのノイズだと思っています。情報処理の基本はノイズと正しい情報とを見分けることです。官邸の人間にとっては、インターネット上の発言は「言いたいことがあるならば、別に好きに言わせておけばいい」というくらいのもので、気にしていないのです。

西垣通も『ネット社会の「正義」とは何か』の中で、「巨大スクリーンでつまらない映画を観《み》てもすぐに忘れてしまうが、たった一七文字の名句にふれて人生が変わることもある。両者はまったく別物である。だから、われわれをとりまく情報環境におけるデジタル・データの急激な増加が、必ずしも濃密なコミュニケーションをもたらすとは言い切れない」と指摘しています。

これは情報とノイズの違いをはっきりと示した重要な発言です。情報の重要さは量にあるのではなく、大海にある無限の情報の中から役に立つものを取捨選択して見つけ出すことにあります。その意味で、このあとで説明するオープンソース・インテリジェンスは本当のプロでなくてはできないことなのです。

インターネットで愚民化が進む?

インターネットで発言している人たちに対して、パワーエリートたちは「カエルには、田んぼの中で好きなだけ歌わせとけ」と思っています。譬《たと》えは悪いかもしれませんが、「お前は魔法をかけられた王子さまじゃなく、ただのカエルなのだからお城には一生行けないだろう。だから、いつまでも田んぼの中でゲコゲコ歌っていろ」ということです。

政局や重要な政治、経済、社会問題とは関係のない田んぼのような場所で、カエルのような小さな存在がいくら騒いでいても体制には影響がないので、好きにしていればいいということなのです。

為政者からすると、国民が愚民であればあるほど扇動しやすくなります。インターネットは**愚民化**を促すツールになり得る要素を設計思想の中に持っているので、エリート層の人間はそれをうまく活用すればよいとすら思っています。

この点について、現代思想評論家の高田明典は『情報汚染の時代』において、「過剰による情報汚染は、特に近年指摘されるようになったものであり、あまりにも多くの情報が私たち個人個人に降り注ぎ、処理の効率が落ちて、意思決定できなくなることをいう」という指摘を行っています。インターネットによる情報過多には、ユーザー一人ひとりの判断力を鈍らせ、思考力をどんどん削いでいく危険性があるのです。

そもそも、インターネットには、不平や不満を書き散らかしてフラストレーションを発散するためのツールという側面があるため、まさに愚民化を促すにはうってつけの道具になり得るともいえるのです。

インターネットへのアクセスを利用して、企業がマーケティングやビジネスを行い、収益を

愚民化◉国民を政治的に無知な状態に置くこと。しばしば、愚民化政策という言葉として用いられる。権力者による国民コントロールの手段として用いられることが多い。

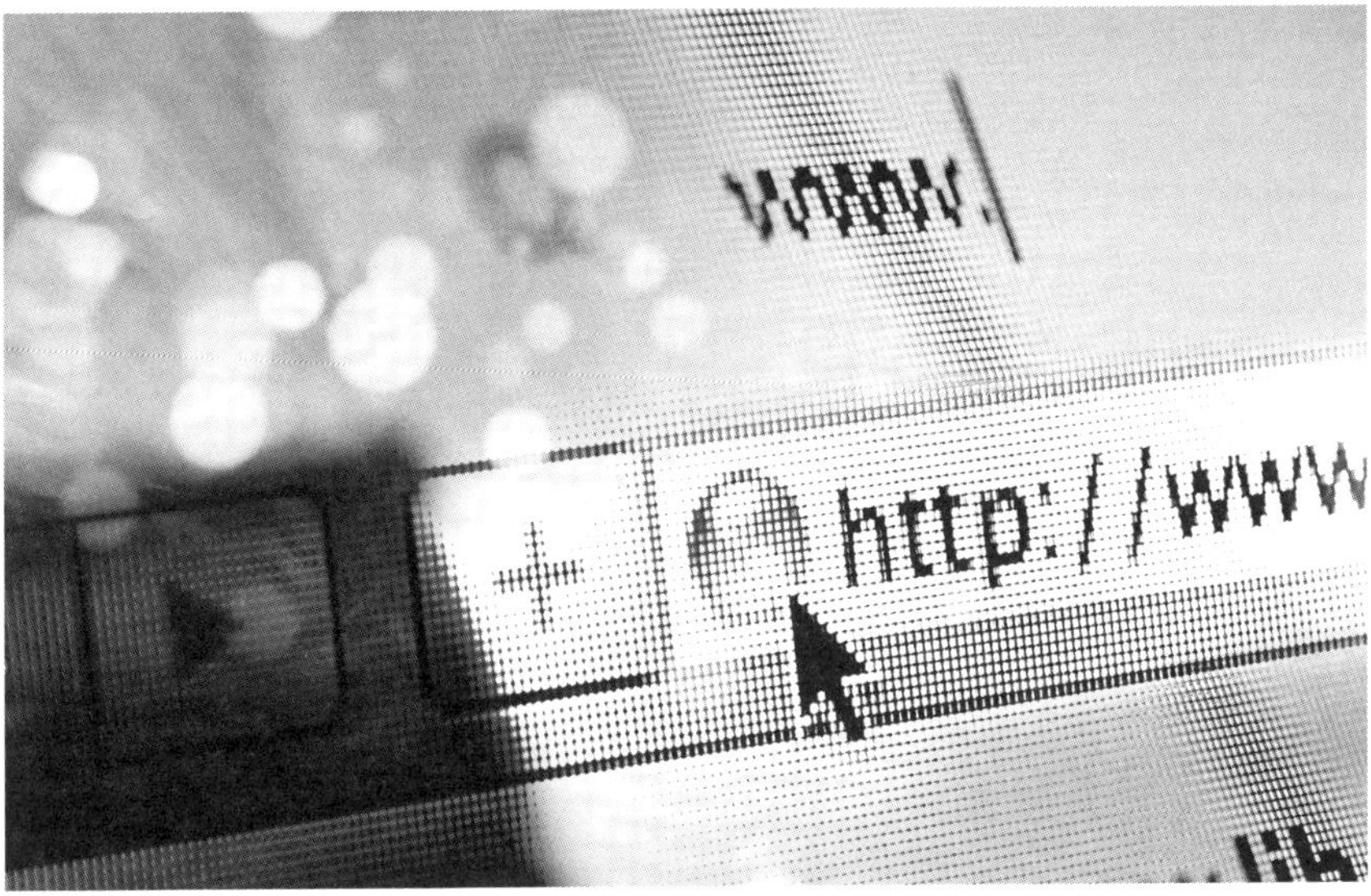

インターネットはユーザーの思考力や判断力を鈍らせ、搾取の道具にもなるという負の側面もある。
Photo by 123RF

上げているという現状も問題といえるでしょう。

社会学者の鈴木謙介は、『ウェブ社会のゆくえ』で、「私たちは、空間も、時間も、そして人間関係も、私たちを取り巻くあらゆる現実の要素がウェブの情報として取り込まれ、それこそが現実であるかのごとく感じさせられるようになるという変化に直面している。見方を変えれば、いまウェブは現実のあらゆる要素を取り込んで、もうひとつの現実を作り出し、それをビジネスの要素にしようとしている。つまり『ウェブが現実を資源化している』のである」と述べています。

一般国民が日常的にインターネットを使用すればするほど儲かる企業があります。インターネットを利用して便利だと思っていたつもりが、知らない間に独占資本の利益を生み出すシステムに利用されていることもある。いわば、ネット上の搾取の構造です。

パワーエリートに好都合な日本の現状

言いたいことがあれば、インターネットを通じてどんどん発信したらいいと、官邸の関係者は思っているはずです。そういった発言は政策に影響がなく、大多数の国民を動かす力にもなり得ないと、彼らは思っているからです。

インターネット上の過多な情報も同じで、大局にまったく影響はないと考えています。もしも日本がアメリカ型の民主主義国家であったなら、影響が出るかもしれません。しかし、日本は根本が天皇制のシステムのままで民主主義化を行おうとする、ちぐはぐな〝民本主義〟の国です。国の根っこの部分が君主制で家産国家ですから、国民のどんな発言も大局にまったく影響がないのです。

つまり、国民の発言は行政の上層部にまで上がっていかずに、遮断されているということになります。そうであれば、インターネット上の声は残念ながらカエルの声と同じようなものということになります。

こうした一種の専制的な政治をやっている分には、国民の声が直接政府を動かすことはありません。現在、日本はコロナや、ウクライナ戦争、台湾海峡有事といったものによって、行政権が事実上優位になっています。そのため、今の日本は家産政治国家ともいえるような専制化した状態になっているのです。

むしろ、インターネットでみなが騒いでくれるのは、政府にとっては喜ばしいことですらあります。そこで無駄なエネルギーを使ってくれれば、反抗心を持った国民が組織化された政治運動に入ってくることはなく、当然、治安もよくなり、政府にとって非常に好都合な状況となるからです。


もちろん政府は、聞く耳を持っているという態度は常に見せています。しかし、お問い合わせ用の電話番号はあるが機械音声の自動応答状態にしておいたり、メールアドレスだけ記載しておいて積極的回答をしないようにしていたりなど、十分なコンタクトをとることができない状態にしておくためのさまざまな細工を施しておくことがあります。

このように、日本では、パワーエリートと一般国民との大きな距離を生み出しているのは、インターネットによる情報量の過多という問題だけではありません。

国家の機密に深く関係する問題に関しては、一般国民があまり知らないさまざまなしくみがあって、それがパワーエリートにとってきわめて好都合に働いているというのが、日本の現状なのです。

CHAPTER-4
3

オープンソース・インテリジェンスと人工知能

DX神話はこのまま続くのか?

第2章でGDP神話の崩壊についてお話ししましたが、それと同様にDX神話も崩壊しつつあると私は思います。たしかにデジタルテクノロジーによるビッグデータの使用は、ビジネスプロセスや文化などを著しく向上させると考えられています。けれども私は、DXが「できていない部分」のある国のほうが、底力があると考えています。なぜなら、DXは高度なセキュリティ対応が必要で、コストがかかるだけでなく、新自由主義にどんどん取り込まれていくシステムだからです。日本はDXが遅れているがゆえに、逆に潜在的能力というか、底力があると私は思うのです。

そもそもDXという言葉の定義づけは、日本においてはとても曖昧です。テレビのコメンテーターもみんな自分勝手にDXという言葉を使っているように私は思います。

問題は、それぞれの言葉の表層的なイメージで「よいもの」「悪いもの」という判断を下している点です。自由主義というと無批判でよいもので、民主主義もだいたいよいもので、平和

DX◉デジタル・トランスフォーメーション。デジタル技術を浸透させ世界を変えること。企業がデジタル技術を活用して、製品やサービス、ビジネスモデルを変革するとともに、業務そのものから組織まで変革することを指す。

主義だと「頭の中がお花畑なんですか？」という批判的意味も帯びてくる。リベラルというと保守の延長でやや悪いイメージ（人によっては、自由で何となくよさそうなイメージ）で、リバタリアニズムというとだいたい悪い意味というように……。

そして、どちらが白で、どちらが黒かという表面的な言葉のイメージは、その言葉の使用者（テレビのコメンテーターなど）の恣意的な発言で決まってしまうのです。

DXに関しても、その言葉の使用者がどのような地位にいて（IT系企業やコンサル会社の経営者か、政府の審議会の委員を務める識者か、など）、どのような意図でその言葉を使っているか（ポジショントークをしているか）を見極める必要性があります。

DXはデジタル化によって企業の創造性が強化され、合理的な運営も可能になるという意見もありますが、IT技術に縛られ、管理された中で真の創造ができるのかという懸念もあります。GDP神話が語られ続けることで、正しい経済の方向性が見失われるように、DXに対する狂信性が、誤った施策を生み出す可能性も大いに存在しています。

オープンソース・インテリジェンスとChatGPT

さらに言えば、多くの人がオープンソース・インテリジェンスを勘違いして捉えています。ChatGPTでも分析が可能だと思っているのです。

オープンソース・インテリジェンスというのは、合法的に入手できる資料、誰でもアクセス

リバタリアニズム◉個人の自由も経済的自由も、どちらも尊重する政治思想的な立場。
ポジショントーク◉自分や自分の属するグループの利益になることしか話さないこと。

可能な情報（各省庁の白書や統計、政府のプレスリリース、新聞記事など）の中から有用なものを選別し、何らかの意思決定に役立てる手法です。秘密情報に触ったことがある人、当該地域の事項についての高度な専門家が、大量の情報の海の中から選び取ってくる厳選された情報であるために、ネットのまとめサイトとは本質的に異なります。オープンソース・インテリジェンスは、政治問題や外交・軍事問題のみならず、もちろんビジネスなどにおいてもきわめて有用な手法です。

ＣｈａｔＧＰＴが怖いのは、オープンソース・インテリジェンスのように人為的な操作をしていないので、正しい答えが出てきにくいという点です。主体的に情報の取捨選択をすることに、ＣｈａｔＧＰＴはまだまだ行きつけていないと私は思います。

たとえば、モスクワ郊外で二〇二四年三月二十二日に起きたテロについて、なぜロシアはアメリカから事前に提供された情報を無視したのかを私がＣｈａｔＧＰＴに問うても、間違った答えしか出てきませんでした。ＣｈａｔＧＰＴがインテリジェンスの文法を知らないからです。質問の仕方によって、間違った意見も大量に拾ってしまうのです。ＣｈａｔＧＰＴには情報とノイズの仕分けができないという致命的な欠陥が存在しています。

もっと卑近《ひきん》な例を出しましょう。私がＳｉｒｉやＧｏｏｇｌｅを使って、「この辺りで美味しい寿司屋」と聞くと、スマートフォンが「三キロメートル圏内のこの辺りでおいしい寿司屋を検索しました」といってその一覧が表示されました。しかし、「この辺りでまずい寿司屋」

ChatGPT◉与えられたデータから新たな文章や画像、音声を生み出す生成AI（人工知能）の技術を持つサービスの一つ。ユーザーがChatGPTにテキストで質問をすると、その回答を数秒ほどで返してくれるもの。学生のレポートなどにも対応できるため、学力を低下させるものとして賛否両論がある。

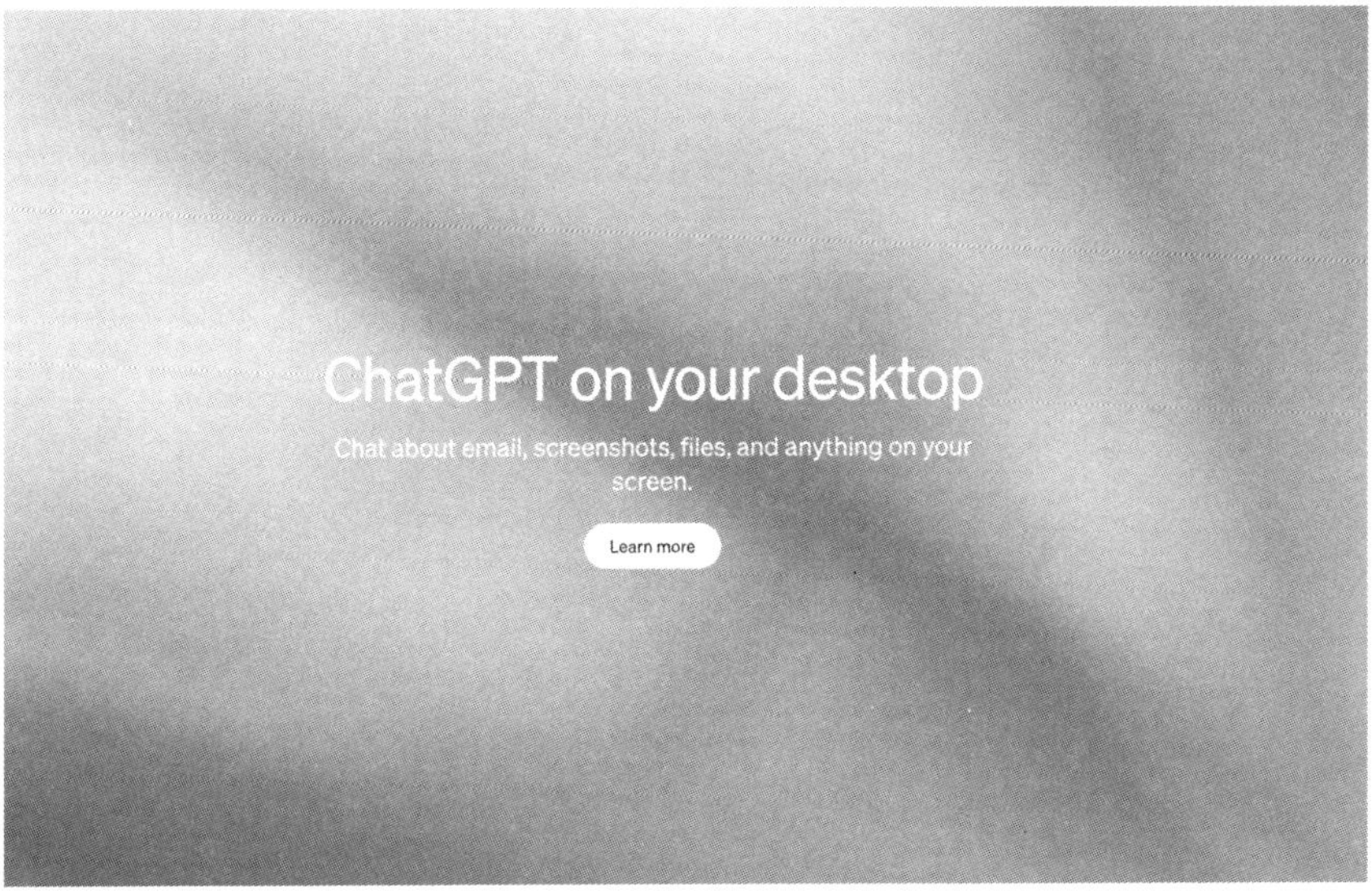
ChatGPT on your desktop
Chat about email, screenshots, files, and anything on your screen.
Learn more

2022年の公開以来、世界中を席巻しているOpenAI社の対話型生成人工知能「ChatGPT」。

と聞いても、同じ答えが返ってきたことがありました。要するに「この辺り」と「寿司屋」という観点からの情報は収集できるけれど、「うまい」や「まずい」という曖昧な言葉のニュアンスは拾いにくい、ということなのです。

現時点ではChatGPTや生成AIは、きわめて不十分なものといわざるを得ません。人工知能・AIは決して万能ではなく、民主主義や平和を守るために対象国などを分析する上では、やはり専門家によるオープンソース・インテリジェンスの活用のほうがはるかに有用です。

そして、オープンソース・インテリジェンスは、使いこなす人の力が重要です。それを情報編集力という言葉で言い換えることも可能かもしれません。

CHAPTER-4
4

ポピュリズムにおけるYouTuber

その国の民意に添った指導者が政権を握る

本書では、世界の主要国の政治体制を見てきましたが、「民主主義」と一口にいっても、さまざまな民主主義があるのだ、ということが理解できたのではないでしょうか。

当然、ロシアにもロシアの民主主義があります。ウラジーミル・プーチンは、ロシア以外の国の人間からすれば「独裁者」に見えるかもしれませんが、彼はロシア国内における選挙の結果、選ばれた大統領です。ほかならぬロシア人の民意の結果なのです。それを、ロシア国外の人間が、「独裁政治」であるとか「権威主義的民主主義」と呼ぶのはお門違いだと思います。

なぜなら民主主義というものは、それぞれの国における固有のファクターによって成り立つものだからです。日本には日本の民主主義が、アングロ・サクソンにはアングロ・サクソンの民主主義が、ロシアにはロシアの民主主義があるのです。

それでは、ロシア国民はどんな民主主義を求めているかというと、彼らは共同体家族に基づいて自分たちを力強く導いてくれるリーダーを求めています。完全に自由のない独裁制を求め

権威主義的民主主義◉制度的には民主制であるが、実質的にはさまざまな自由が制限されている政治体制。ロシアなどの民主主義がそう言われている理由として、反体制のメディアが弾圧され、反体制の政治家が粛清されている現実がある。

ているわけでもありません。ソビエト連邦時代、とくにスターリンの時代に比べれば、現在のロシアは圧倒的に自由があるわけですから、プーチンのような権力者を民意が選んだといっても、ロシア国民が自由を放棄しようとしているということにはなりません。また中国には国政レベルの選挙がなく、民主主義は存在していないと考えられていますが、それでも国民の大部分は中国共産党の政策を支持しています。

結局のところ、その国の民意に添った指導者が政権を握るということは、他国からどう見えていようと、それも民主主義の一形態といえるのではないでしょうか。このような相対主義は、たとえば中国におけるウイグル民族への弾圧・同化政策から目をそらさせてしまうという弊害を生むのはたしかです。しかし、外交という観点に立てばまた別の話になります。

国家の外交における最大の目的は平和を守ることです。いかなる状況下でも不戦、つまり戦争の回避が優先されます。自国の政府はいかに自国民が理不尽に他国によって殺されないようにするかについて心血を注がなければならないし、そうした努力こそが最終的には国家の利益につながっていきます。

私は平和を第一義的に考えています。中東問題（イスラエル・ガザ紛争）についてやたらと勇ましいことを言っている元自衛隊の某参議院議員がいますが、私はこの人に直接会う機会があれば、「それなら、あなた一人で自衛隊が制式化した八九式五・五六ミリ小銃を持ってガザに乗り込み、ランボーみたいに暴れてきたら」と言ってみようと思っています。

日本の民主主義は「民本主義」

日本には日本の民主主義があるという話にはこれまでの章でも触れましたが、日本の民主主義は、やはりアングロ・サクソン型（西側諸国）のものとは異なっています。戦後の日本国憲法をつくったのはGHQでしたから、アメリカ的な民主主義の基本路線はふまえています。しかし天皇制というものが残っている点で、アングロ・サクソン的民主主義とは少し違う気がします。日本の民主主義には天皇がいて、国民はその臣民（サブジェクト）であり、欧米的、かつアトム的存在である市民（シチズン）は存在しません。

天皇を頂点とする民主主義、すなわち日本の民主主義は厳密には「民本主義」なのです。民本主義とは、大正時代に吉野作造が「憲政の本義を説いて其《そ》の有終の美を済《な》すの途《みち》を論ず」という論文の中で定義したイデオロギーです。民主主義では国民主権が当たり前ですが、国民主権を認めてしまうと、明治期に制定された大日本帝国憲法と矛盾してしまいます。

そのため、吉野は日本における主権の所在については棚上げし、主権を運用する「目的」は国民にあるという意味で「民本主義」と名づけました。

この民本主義は、今でも日本に根づいていますから、もし日本がアングロ・サクソン型の民主主義を完全に模倣するようなことがあれば、たいへんなことになります。当然、天皇制を廃して大統領制にするしかなくなるでしょう。もちろん私は、天皇制は存続したほうが日本の国益にかなうと思っているし、天皇制打倒といった極端なイデオロギーは持ち合わせていません

民本主義◉天皇を主権者とした議会制政治制度。大正デモクラシーを主導した吉野作造が唱えた政治思想。

ので、大統領制には反対です。

しかし、「もし日本が大統領制になったら？」ということを考えるのは意義があると思います。日本の未来を真剣に考えるならば、「現在の民本主義を捨てたら、日本にどんな未来が待っているのか」をリアルに想像するべきだからです。

日本が大統領制になることがあれば、ポピュリズムの波が一気に加速することになります。ポピュリズムとは、大衆からの人気を得ることが何よりも最優先される政治思想のことで、人気を得て当選さえしてしまえばあとのことは知らないという考え方のことです。ポピュリズムの波が一気に加速すれば、日本の政治はあっという間に「衆愚政治」へと劣化していくに違いありません。アメリカのトランプを見ればわかるように、大統領制になるというのはそういうことなのです。ポピュリズムは必ずしも国民の利益につながるとは限りません。最悪の場合、国民は自らを迫害・弾圧するような人物を大統領として押し立ててしまうかもしれません。

そういったことを考えれば、やはり現在の君主制に基づく「民本主義」のままいくのが、日本にとっては最善の道なのではないかと私は考えます。

日本が大統領になったら、推しはHIKAKIN？

それでも、もし日本が大統領制に移行して、ポピュリズムが席巻する世の中になってしまったらどうなるでしょうか。仮にもし実業家のひろゆき（西村博之）が立候補したら、大統領に当選するかもしれません。それが無理でも、参議院選挙は楽勝で当選するでしょう。

それでは、ひろゆきに勝てる候補は誰かというと、私にはＨＩＫＡＫＩＮくらいしか思いつきません。ひろゆきかＨＩＫＡＫＩＮか、という戦いになったら、私は、ＹｏｕＴｕｂｅｒのＨＩＫＡＫＩＮを推します。


私がＨＩＫＡＫＩＮのＹｏｕＴｕｂｅを視聴しているといったら意外な感じを受けるかもしれませんが、普通に見ています。見ているどころか、むしろ、ＨＩＫＡＫＩＮの配信はとても重要なコンテンツであるとすら思っています。

ＨＩＫＡＫＩＮの動画は、非常に実用的です。クレーンゲームに行く前に、ＨＩＫＡＫＩＮがクレーンゲームをどうやって攻略するかという動画を見てから行くと、かかるお金が半分以下になります。私もクレーンゲームをやりますので、ＨＩＫＡＫＩＮの動画はとても参考になります。ＨＩＫＡＫＩＮは、日本中のゲームセンターをめぐって、クレーンゲームでどうやって勝つのかということをいつも考え、研究しています。なぜ、そんな動画をつくり続けているのかというと、実用性と需要があるからです。

また、ＨＩＫＡＫＩＮが一貫して伝えているメッセージも重要です。

彼は、石田梅岩や二宮尊徳と同じような思想を持っている人物だと私は思っています。ＨＩＫＡＫＩＮが伝えているのは、「努力すれば実る」や「万引きをしてはいけません」などの正しい生き方、要するに通俗道徳なのです。

クレーンゲームをやるにしても、「最初から使うお金を決めてやりましょう、無駄遣いをしないようにね」とか、その他、「学歴がなくても一生懸命努力すれば道は開けてくるよ、自分もそうやって頑張ってきたんだよ」などなど。

彼が伝えているのは、そういったシンプルだけど非常に強力で、正しいメッセージなわけです。いつの時代も、こういうメッセージを伝える人は人気者になります。もちろん、いくら努力をしても実らない努力もあるので、そこについてのフォローは必要です。そこをフォローできないと、人生の敗北感から新興宗教などに走る人が増えてしまいますから。

ともかく、これはあくまでも仮の話ですが、日本が天皇制を廃して大統領制に移行することがあるならば、私はＨＩＫＡＫＩＮのような人格者がなればよいと本気で思っています。なぜなら、今はさまざまなイデオロギーが機能不全に陥っていますし、自分のような古い感覚の人間には、ひろゆきやＨＩＫＡＫＩＮを正しく評価できません。だからこそ、長期間人気を維持できている〝安定性〟のあるＨＩＫＡＫＩＮを推すのです。ポピュリズムの世界になってしまえば、頼りにできる判断基準は〝人格〟しかないからです。

CHAPTER-4
5

権力者の情報操作にどう立ち向かうべきか

情報の本質とその歴史を知る

権力者はさまざまな情報コントロールを行っています。そのコントロールと戦い、私たちが打ち勝つためには、自立的思考が重要となります。自立的思考についてはあとで詳述しますので、まずは権力者の情報コントロールについて考えてみましょう。

高田明典は『情報汚染の時代』において、ドイツの哲学者ユルゲン・ハーバーマスが『コミュニケイション的行為の理論』で展開した理論に基づき、情報を三つの要素に分類しました。

情報の三要素とは、事実性、論理性、誠実性の3つである。事実性とは、その表現のとおり、語られた内容が、現実に存在していた現象であるか否かを意味する。また、論理性とは、広く一般に認められている論理を使って主張が導き出されていることをいう。さらに、誠実性とは、その情報の提供者の意図が、表現から素直に読み取られたものと同じであることをいう。(『情報汚染の時代』)

私たちはこの三つの要素を通して、自身にとって有益な情報を取り出そうとしています。しかし、それがうまくいかない場合もあります。その原因となるものの一つに、権力者による情報のコントロールが挙げられます。

社会心理学者の川上和久は『情報操作のトリック』の中で、「政治が権力をともなう存在である以上、歴史において権力を掌握した人間が、情報を操作してその統治を確固たるものにしようと努めたのは自然の成り行きであった。しかし、政治のあり方が変化し、専制国家、全体主義国家のような、目に見える形での権力が影をひそめてくると、権力が分散している中で、情報操作の態様も単純ではなくなってくる」と指摘しています。

ＩＴが高度に発達した現代では、権力者による情報コントロールも巧みになり、気づかないうちにコントロールされているケースも多々あります。正しい判断をするためにも、私たちは注意深く情報を精査し、こうしたコントロールを見抜いていく必要があります。

私たちに必要なのは「啓蒙的理性」である

情報操作に惑わされないためにはどうすればよいのでしょうか。もっとも大事なことは、啓蒙的理性、つまり、合理的に物事を考える力を身につけ、それを強化していくことです。与えられた情報を無批判に、安易に受け入れるのではなく、合理的でないもの、論理的に整合性がつかないものを疑ってかかることが重要になります。

そのためには、物事を正しく判断する能力を身につけなければなりません。私たち一人ひとりがふだんからそうした訓練をしていないと、現代においては権力者が用いるさまざまな情報コントロールを見抜くことが困難になるでしょう。

さらに、何千年にもわたって続いている思想史をよく観察し、理解し、歴史の中で培《つちか》われた思考の鋳型《いがた》をしっかりと捉えておく必要があります。もちろん、現在起きてきている事柄の中にも、おかしなもの、疑うべきものはたくさんあります。今のＡＩブームに対する雑多な批判もその一つです。ＡＩを批判する人々は、昔、「車ができたら馬車はどうすればいいんだ」と不安に思って生きていた人々といっしょだといえます。

たとえば、チャップリンの有名な映画である『モダン・タイムス』の物語を思い出してください。この映画の中で、チャップリンが演じる主人公である工員は、次々に不幸な目に遭います。工場で機械のように働かされたことで精神を病み、病院送りになってしまいます。やっと退院できたと思ったら、デモ隊のリーダーと間違われて、逮捕され刑務所に送られます。そこで模範囚と間違われ、造船所で働けるようになりますが、船を沈めてしまいクビになります。孤児の少女と知り合いになり、二人のための家を建てようと懸命に働きますが、それもうまくいきません。それでもめげずに生きていこうとするのです。コミカルなタッチの映画ですが、状況が変わっても、人間はその場その場で、その状況に適合して生きられるということがこの映画では描かれているのだと思います。

『モダン・タイムス』の主人公のように、人間は今の状況がわかっていれば、それに対してどうすればよいかという対応策を見いだすことは可能です。裏を返せば、自分の置かれている状況に何も考えずに従うだけなら、自分を取り巻く状況は変えられません。ですから、情報を正しく見きわめること、それがもっとも重要となるのです。

「自立的思考」を身につける

冒頭でも語ったように、情報コントロールに対抗するためには、自立的思考というものが重要になります。自立的思考はドイツ出身のアメリカの政治哲学者ハンナ・アーレントがしばしば用いた言葉ですが、もともとは十八世紀のドイツの啓蒙思想家であるゴットホルト・レッシングの用語です。

アーレントがこの言葉を絶えず使っていたことは、ドイツの映画監督マルガレーテ・フォン・トロッタが制作した『ハンナ・アーレント』という作品を観れば、よく理解できます。アーレントは自立的思考について、『暗い時代の人々』の中に収められている「暗い時代の人間性レッシング考」の中で、「自力で自律的に行われる思考」と述べています。アーレントは、自立的思考は自由という基盤があってこそ可能であるとも主張しています。

自立的思考を行うために一番大切なのは、外部性が必要だということです。世の中には「A

啓蒙思想家◉理性を中心とした思想を推し進めることによって人間が進歩していくと考える思想家のこと。近代市民社会の構築に大きく貢献した。代表的な啓蒙思想家としてはイギリスのジョン・ロック、スコットランドのヒューム、フランスのヴォルテール、ドイツのレッシングらを挙げることができる。

啓蒙思想はフランス革命やアメリカ独立宣言の精神的支柱となった。
Photo by Wikipedia（Eugène Delacroix /1830　ルーヴル美術館所蔵）

だからAなんです」という問答無用的なものがあり、一種のトートロジーとなっています。たとえば人間の命はどうして大切なのかと問われたとき、「人間の命は大切だから大切だ」と答える。あるいは、地球生態系はどうして大切であるのかと問われると、「大切だから」と答える。その先に理屈はありません。

けれども、自分が働いている会社がどうして大切なのかと問われたとき、「大切だからだ」というのは、ふさわしい論理ではありません。会社の存在が究極的なものとはいえないからです。

一方、命や平和という存在は究極的なものです。つまり、究極的な価

トートロジー◉同語反復などと訳される英語。トートロジーはレトリックの一つであり、ある語を強調するためや、直接表現の回避、語気緩和などの用法がある。トートロジー表現の例としては「奴は奴さ」や「敵は敵だ」といったものがある。

値を持ったものの存在理由に関しては、論理的にトートロジーであってもいいと開き直ることができます。なぜなら、私たちの限られた理性の範囲外、私たちの脆弱な知識の範囲外にあるものが、この世界には数多く存在しているからです。

無神論的な合理主義者に言わせれば、単なる宗教的信仰と同じものだと一蹴されてしまうでしょうが、こうした事柄に対して畏敬の念を持ち、それ以上究明できないのだと知ることこそが必要なのです。ここに自立的思考の根源的な意味があります。

私たちが権力者の情報コントロールと戦うためには、自立的思考を持つことが絶対に必要になります。レッシングやルソー、ヴォルテールなどのこの時代の啓蒙思想家たちは、理性的な行いによって、この世界がよりよい方向に向かっていくと考えていました。ただし、理性的に考え、行動するだけで絶対的な知識や心理を獲得できるとは語っていませんでした。理性中心主義はすなわち人間中心主義であり、人間は神ではないので限界がある、ということを、多くの啓蒙思想家が理解していたからではないでしょうか。

アーレントはレッシングの思想の根本性に関して、先ほど触れた『暗い時代の人々』の中で、「各人は自分が真理と思うことを語ろう、そして真理それ自体は神にゆだねよう」というレッシングの言葉を引用しています。この言葉は、自立的思考の向こう側に、私たちの力では解決のできない外部性があるということを、端的に示しているのです。

引用・参考文献・ウェブサイト一覧

序章

◉Prologue-1

『民主主義の本質と価値 他一篇』 ハンス・ケルゼン 長尾龍一・植田俊太郎訳 岩波文庫

『デモクラシーと世界秩序』 デヴィッド・ヘルド 佐々木寛他訳 NTT出版

『社会契約論』 ルソー、桑原武夫、前川貞次郎訳 岩波文庫

『民主主義と資本主義の危機』 マーティン・ウルフ 小川敏子訳 日本経済新聞出版

『法の哲学Ⅱ』 ヘーゲル 藤野渉・赤沢正敏訳 中央公論新社

『資本論』(1)-(9) マルクス エンゲルス編 向坂逸郎訳 岩波文庫

『ルイ・ボナパルトのブリュメール18日』 カール・マルクス 村田陽一訳 国民文庫

◉Prologue-2

『独裁』 カール・シュミット 田中浩・原田武雄訳 未来社

『支配の社会学 経済と社会』Ⅰ～Ⅱ マックス・ウェーバー 世良晃志郎訳 創文社

◉Prologue-3

『憲法』 第七版 芦部信喜 高橋和之補訂 岩波書店

『ジャスミンの残り香』 田原牧 集英社

◉Prologue-4

『プラスチック・ワード』 ウヴェ・ペルクゼン 糟谷啓介訳 藤原書店

◉Prologue-5

『国家』(下) プラトン 藤沢令夫 岩波文庫

『民主主義への憎悪』 ジャック・ランシエール 松葉祥一訳 インスクリプト

『ポストモダンの共産主義』 スラヴォイ・ジジェク 栗原百代訳 ちくま新書

『動物農場』 ジョージ・オーウェル 川端康雄訳 岩波文庫

◉Prologue-6

『大衆の反逆』 オルテガ・イ・ガセット 神吉敬三訳 ちくま学芸文庫

『方法序説』 R・デカルト 谷川多佳子訳 岩波文庫

『プロテスタンティズムの倫理と資本主義の精神』 マックス・ヴェーバー 大塚久雄訳 岩波文庫

『通俗道徳』 阿部安成(子安宣邦監修 『日本思想史辞典』 ぺりかん社・所収)

第1章

◉Chapter1-1

『世界の歴史〈10〉 フランス革命とナポレオン』 桑原武夫 中公文庫

『21世紀の歴史』 ジャック・アタリ 林昌宏訳 作品社

『グローバル化する世界と「帰属の政治」』 ロジャース・ブルーベイカー 明石書店

◉Chapter1-2

『民主主義対民主主義』 アレンド・レイプハルト 粕谷祐子訳 勁草書房

『現代日本の政党デモクラシー』 中北浩爾 岩波新書

『政治神学』 カール・シュミット 田中浩・原田武雄訳 未来社

◉Chapter1-3

『講演集 ドイツとドイツ人 他五編』 トーマス・マン 青木順三訳 岩波文庫

『党物神崇拝の崩壊』 黒田寛一(『民主主義の神話』 現代思潮社・所収)

『実践と場所』(1)-(3) 黒田寛一 こぶし書房

『暗殺の哲学』 高橋和巳(『高橋和巳作品集 6』 河出書房新社・所収)

『ブラック・デモクラシー』 藤井聡編 晶文社

◉Chapter1-4

『死に至る病』 キェルケゴール 斎藤信治訳 岩波書店

『キリギリスの哲学』 バーナード・スーツ 川谷茂樹・山田貴裕訳 ナカニシ出版

◉Chapter1-5

『民族とナショナリズム』 アーネスト・ゲルナー 加藤節監訳 岩波書店

『増補 想像の共同体』 B・アンダーソン 白石さや、白石隆訳 NTT出版

『歴史の終わり』(上) フランシス・フクヤマ 渡部昇一訳 三笠書房

『我々はどこから来て、今どこにいるのか?』(下) エマニュエル・トッド 堀茂樹訳 文藝春秋

『部族と国家』 原口武彦 アジア経済研究所

『我々はどこから来て、今どこにいるのか?』(上) エマニュエル・トッド 堀茂樹訳 文藝春秋

『沖縄の歴史と文化』 外間守善 中公新書

◉Chapter1-6

「シーシュポスの神話」 アルベール・カミュ 窪田啓作・矢内原伊作訳(『カミュ著作集 5』 新潮社・所収)

『レーニンとロシヤ革命』 クリストファー・ヒル 岡稔訳 岩波新書

『わが闘争Ⅱ国家社会主義運動』(下) アドルフ・ヒトラー 平野一郎・将積茂訳 角川文庫

『わが闘争Ⅱ民族主義的世界観』(上) アドルフ・ヒトラー 平野一郎・将積茂訳 角川文庫

◉Chapter1-7

『大衆の反逆』 オルテガ・イ・ガセット 神吉敬三訳 ちくま学芸文庫

『集団浅慮―政策決定と大失敗の心理学的研究』 アーヴィング・ジャニス 細江逸郎訳 新曜社

『政治主導 vs.官邸支配――自民政権、民主政権、政官20年闘争の内幕』 信田智人 朝日選書

『支配についてⅠ 官僚制・家産制・封建制』 マックス・ウェーバー 野口雅弘訳 岩波文庫

◉Chapter1-8

『言論・出版の自由』 ミルトン 原田純訳 岩波文庫

『世界憲法集』第四版 宮沢俊義編 岩波文庫

人権・人道・難民、外務省ホームページ

『闘うジャーナリストたち』 ロベール×ベナール 大岡優一郎訳 岩波書店

破壊活動防止法、公安調査庁ホームページ

第2章

◉Chapter2-1

『国富論2』 アダム・スミス 大河内一男監訳 中公文庫

『新自由主義の総括と格差社会』 吉田勝弘・澤野義一編 いずみ橋書房

『わらしべ長者』 木下順二作 岩波少年文庫
『びんぼうがみとふくのかみ』 いもとようこ 金の星社
『アンダークラス』 橋本健二 ちくま新書
『資本論』(6)-(9) マルクス エンゲルス編 向坂逸郎訳 岩波文庫

◉Chapter2-2

『アメリカンドリームの終わり』 ノーム・チョムスキー 寺島隆吉・寺島美紀子訳 ディスカヴァー・トゥエンティワン
『移民をどう考えるか』 カリド・コーザー 是川夕・平井和也訳 勁草書房
『ふたつの日本』 望月優大 講談社現代新書
『帝国以後』 エマニュエル・トッド 石崎晴己訳 藤原書店

◉Chapter2-3

『アソシエーションの社会学』 佐藤慶幸 早稲田大学出版部
『[改訂増補版] 日本の労働組合』 岩崎馨 公益財団法人日本生産性本部 生産性労働情報センター
『格差社会をこえて』 暉峻淑子 岩波ブックレット
『ある女学生の日記』 キム・ラエ監督
『北朝鮮を見る、聞く、歩く』 吉田康彦 平凡社新書
『この世界の片隅に』 片渕須直監督

◉Chapter2-4

『ここまで進んだ!格差と貧困』 稲葉剛他 新日本出版社
『ベーシックサービス』 井手英策 小学館新書
『ボブという名のストリート・キャット』 ジェームズ・ボーエン 服部京子訳 辰巳出版

◉Chapter2-5

『東アジアのルネサンス』 世界銀行 報告書
『経済成長って、本当に必要なの?』 ジョン・デ・グラーフ&デイヴィッド・K・バトカー 高橋由紀子訳 早川書房
読売新聞・二〇二四年二月一五日付
『我々はどこから来て、今どこにいるのか?』(上) エマニュエル・トッド 堀茂樹訳 文藝春秋

◉Chapter2-6

『「エンジンのないクルマ」が変える世界経営』 大久保隆弘 日本経済新聞出版社

第3章

◉Chapter3-1

『償いのアルケオロジー』 鵜飼哲 河出書房新社
『方法序説・情念論』 デカルト 野田又夫訳 中公文庫
『21世紀の資本』 トマ・ピケティ 山形浩生・守岡桜・森本正史訳 みすず書房
『我々はどこから来て、今どこにいるのか?』(上) エマニュエル・トッド 堀茂樹訳 文藝春秋
『アメリカンドリームの終わり』 ノーム・チョムスキー 寺島隆吉・寺島美紀子訳 ディスカヴァー・トゥエンティワン

◉Chapter3-2

『パワー・インフェルノ』 ジャン・ボードリヤール 塚原史訳 NTT出版
『資本論』(1)-(9) マルクス エンゲルス編 向坂逸郎訳 岩波文庫
『方法序説』 デカルト 谷川多佳子訳 岩波文庫
『世界に格差をバラ撒いたグローバリズムを正す』 ジョセフ・E・スティグリッツ 楡井浩一訳 徳間書店
『西洋政治思想史』(1)-(3) 今中次麿 大明堂

◉Chapter3-3

『世界に格差をバラ撒いたグローバリズムを正す』 ジョゼフ・E・スティグリッツ 楡井浩一訳 徳間書店
『私たちの地球は耐えられるのか?』 ジル・イェーガー 手塚千史訳 中公新書ラクレ
『パワー・インフェルノ』 ジャン・ボードリヤール 塚原史訳 NTT出版
『帝国以後』 エマニュエル・トッド 石崎晴己訳 藤原書店
『イスラーム戦争の時代』 内藤正典 NHKブックス

◉Chapter3-4

『帝国』 アントニオ・ネグリ、マイケル・ハート 水野嶋一憲他訳 以文社
『テロリズム』 チャールズ・タウンゼンド 宮坂直史訳 岩波書店
『市民的抵抗』 エリカ・チェノウェス 小林綾子訳 白水社
『SEALDsの真実――SEALDsとしばき隊の分析と解剖』 田中宏和 鹿砦社

◉Chapter3-5

『格差社会と教育改革』 苅谷剛彦・山口二郎 岩波ブックレット
『日本の教育格差』 橘木俊詔 岩波新書
朝日新聞・二〇二四年五月八日付朝刊
『ブルシット・ジョブ』 デヴィッド・グレーバー 酒井隆史他訳 岩波書店

第4章

◉Chapter4-1

『電子投票と日本の選挙ガバナンス』 河村和徳 慶應義塾大学出版会
『日本精神分析』 柄谷行人 講談社学術文庫
『デジタル・ポピュリズム』 福田直子 集英社新書
『Ctrl+Z 忘れられる権利』 メグ・レタ・ジョーンズ 石井夏生利監訳 勁草書房
『ネット社会の「正義」とは何か』 西垣通 角川選書

◉Chapter4-2

『ネット社会の「正義」とは何か』 西垣通 角川選書
『情報汚染の時代』 高田明典 角川EPUB選書
『ウェブ社会のゆくえ』 鈴木謙介 NHKブックス

◉Chapter4-3

『なぜ、DXは失敗するのか?』 トニー・サルダナ 小林啓倫訳 東洋経済新報社

◉Chapter4-4

『憲政の本義を説いて其の有終の美を済すの途を論ず』 吉野作造(『吉野作造評論集』 岩波文庫・所収)

◉Chapter4-5

『ハンナ・アーレント』 マルガレーテ・フォン・トロッタ監督
『情報汚染の時代』 高田明典 角川EPUB選書
『コミュニケイション的行為の理論』(上・中・下) ユルゲン・ハーバーマス 河上倫逸他訳 未来社
『情報操作のトリック』 川上和久 講談社現代新書
『モダン・タイムス』 チャールズ・チャップリン監督
『暗い時代の人間性 レッシング考』 ハンナ・アレント 阿部齊訳 (『暗い時代の人々』 ちくま学芸文庫・所収)
『資本論』(1)-(9) マルクス エンゲルス編 向坂逸郎訳 岩波文庫

「民主主義の危機」を理解するための10冊の推薦図書

1

『アメリカの民主主義』（上・下）
アレクシス・ド・トクヴィル＝著　串団子＝訳　（Kindle版）
アメリカの民主主義のバランス感覚に関する評価が興味深い。

2

『憲法』第八版
芦部信喜＝著　高橋和之＝補訂　（岩波書店）
東京大学法学部で教えられる民主主義は、芦部氏の考え方を基本にしている。

3

『新民主主義論』
毛沢東＝著　安藤彦太郎＝訳註　（大学書林）
中国の共産主義体制こそが真の民主主義であるという主張。民主主義の多様性がわかる。

4

『憲政の本義――吉野作造デモクラシー論集』
吉野作造＝著　（中公文庫）
天皇制を保全するためには民主主義ではなく、民意を尊重した政治を天皇が行う民本主義が適切と説く。

佐藤優＝選

5

『新版 光の子と闇の子――デモクラシーの批判と擁護』

ラインホールド・ニーバー＝著　武田清子＝訳　（晶文社）

武力を行使してでも民主主義を擁護すべきであるというアメリカ的発想が端的に示されている。

6

『民主主義の神話――安保闘争の思想的総括』

谷川雁、吉本隆明、埴谷雄高他＝共著　（現代思潮新社）

一九六〇年の安保闘争を支えた新左翼系の知識人たちがアングロ・サクソン型の民主主義に異議申し立てをする。

7

『スターリン時代の東欧』

8

『スターリン以後の東欧』

フランソワ・フェイト＝著　熊田亨＝訳　（岩波現代選書）

東欧に存在した社会主義国が、ソ連の共産主義とは異なる人民民主主義という独自の民主主義体制を構築していたことがわかる。

9

『社会契約論』

ルソー＝著　桑原武夫・前川貞治郎＝著　（岩波文庫）

一般意志は委任することができないので、議会制民主主義は成立しないことになる。官僚支配を肯定する書。

10

『リヴァイアサン』

ホッブズ＝著　水田洋＝訳　（岩波文庫）

社会における暴力を阻止することを真剣に考えると、強い王による強権的支配がもっとも好ましくなる。

「民主主義の危機」あとがき

第二次世界大戦後の我が国はアメリカを民主主義の手本としています。しかし、本当にアメリカ型（あるいはイギリス、オーストラリアなどを含むアングロ・サクソン型）の民主主義を今後も政治の「お手本」にしていいのか、ここで立ち止まって考えてみる必要があります。

トランプ前大統領が二〇二四七月十三日、ペンシルベニア州バトラー近郊での選挙集会中に銃撃され、負傷しました（耳から血が流れた）。トランプ氏に弾丸が命中し、死亡していた可能性は十分あります。もっともプロテスタント長老派教会に属するトランプ氏は、これでますます元気になりました。カルヴァン派では、神に選ばれ救われる人と、見捨てられ滅びる人は生まれる前から決まっていると考えます。九死に一生を得たトランプ氏は、この事件で「やはり俺は神に選ばれている。大統領選挙に俺が当選するのは確実で、ふたたびアメリカを偉大にするという神からの使命を実現する」という信念を強めました。トランプ氏が大統領に当選すれば、ウクライナやパレスチナに平和をもたらす上で大きな役割を果たす可能性があると、私は個人的に期待しています。

他方、トランプ氏の勢いに震えあがっているのが民主党です。老齢で、以前より認知能力と運動能力に難があったジョー・バイデン大統領は、大統領選挙からの撤退を決断しました。遅きに失したとは思いますが、正しい選択です。後任はカマラ・ハリス副大統領です。これまで、ハリス氏の能力への不安、カリスマ性不足をさんざん指摘していたリベラル派のメディアや有識者は、突然うって変わって、ハリス氏がトランプ氏に勝利できる有能な政治家であると喧伝していますす。八月初め現在、「ハリス旋風」なるものが吹いていますが、人為的な風は長持ちしないでしょう。

十一月の選挙でトランプ氏、ハリス氏のいずれが当選しようとも、アメリカ社会の深刻な分断が克服されることはありません。特にハリス氏が当選した場合、トランプ氏の支持者が「選挙が盗まれた」と主張して、銃を持って立ち上がる可能性があります。内乱が起きるような民主主義など、まっぴらごめんです。

本書では、さまざまな形態の民主主義について解説しています。この情報を我が国の民主主義の発展のためにぜひ活かしてほしいと思います。

本書を上梓するにあたっては、株式会社ファミリーマガジンの佐藤裕二氏にたいへんにお世話になりました。どうもありがとうございます。

二〇二四年八月一日、曙橋（東京都新宿区）の自宅にて

佐藤　優

佐藤 優 *Masaru Sato*

1960年、東京都生まれ。作家、元外務省主任分析官。

1985年、同志社大学大学院神学研究科修了。外務省に入省し、在ロシア連邦日本国大使館に勤務。その後、本省国際情報局分析第一課で、主任分析官として対ロシア外交の最前線で活躍。2002年、背任と偽計業務妨害容疑で逮捕、起訴され、2009年6月に執行猶予付き有罪確定。

2013年6月、執行猶予期間を満了し、刑の言い渡しが効力を失った。『国家の罠　外務省のラスプーチンと呼ばれて』(新潮社)で毎日出版文化賞特別賞受賞。『自壊する帝国』(新潮社)で新潮ドキュメント賞、大宅壮一ノンフィクション賞受賞。

学び直しの時間

佐藤優の特別講義
民主主義の危機

2024年10月8日　第1刷発行
2024年11月11日　第2刷発行

著者	佐藤 優
ブックデザイン	高橋コウイチ(WF)
編集協力	佐藤裕二(株式会社ファミリーマガジン) 髭郁彦／上條昌史／水野春彦／苅部祐彦／中田董
DTP	有限会社ティー・ハウス／株式会社グレン
校正	合同会社こはん商会／合田真子
発行人	川畑 勝
編集人	滝口 勝弘
企画編集	石尾 圭一郎
発行所	株式会社Gakken 〒141-8416 東京都品川区西五反田2-11-8
印刷所	中央精版印刷株式会社

この本に関する各種お問い合わせ先

◉本の内容については、下記サイトのお問い合わせフォームよりお願いします。https://www.corp-gakken.co.jp/contact/
◉在庫については Tel 03-6431-1201(販売部)
◉不良品(落丁、乱丁)については Tel 0570-000577
学研業務センター 〒354-0045 埼玉県入間郡三芳町上富279-1
◉上記以外のお問い合わせは
Tel 0570-056-710(学研グループ総合案内)